JN421571

달려가면서도 읽을 수 있도록

히브리어 원문 해석으로 초대

달려가면서도 읽을 수 있도록

초판 1쇄 인쇄 2022년 4월 20일
초판 1쇄 발행 2022년 4월 30일

지은이 김한성
펴낸이 정성준
펴낸곳 도서출판 목양
등록 2008년 3월 27일 제 2008호-04호
주소 경기도 용인시 처인구 양지면 양지리 38-2
전화 070-7561-5247 팩스 0505-009-9585
홈페이지 www.mokyangbook.com
이메일 mokyang-book@hanmail.net

Copyright ⓒ 도서출판 목양 2022
ISBN 979-11-92332-08-6 (03230)

* 본 저작물은 신저작권법에 의하여 한국 내에서 보호받는 저작물이므로 무단전재와 복제를 엄격히 금합니다.
* 책 값은 뒤표지에 있습니다.
* 잘못된 책은 교환하여 드립니다.

히브리어 원문 해석으로 초대

달려가면서도 읽을 수 있도록

김한성 지음

목양

들어가며 |

말씀에 한 걸음 더 가까이

기록된 하나님의 말씀은 우리를 위한 진리를 수록하고 있다. 그 진리를 우리에게 증거하는 데 있어서 성경은 심미적 수사나, 쉽게 풀기 어려운 암호나 비밀 공식을 사용하지는 않는다. 율법 가운데 가장 큰 계명이 무엇인지 묻는 서기관에게 대답하신 예수님의 말씀에서 이러한 점은 확인된다. 하나님 사랑과 이웃 사랑으로 요약되는 예수님의 대답(막 12:29~31)은 명확하고, 분명하다. 특별히 하나님의 구원 역사는 택하신 자녀들에 대한 신실한 사랑에 기초한다(신 4:37; 5:10). 그 특별한 사랑을 받고 하나님의 백성이 된 자는 사랑으로 하나님께 응답해야 하며(신 6:5), 동시에 이웃을 사랑해야 한다(레 19:18).

그러나 그 사랑이 구체적으로 실천되는 방식은 다른 문제이다. 이 문제에 관해 널리 알려진 예를 살펴보자. 부활하신 예수님은 베드로에게 세 차례 "네가 나를 사랑하느냐?"고 물으셨고, 베드로 역시 세 차례 '내가 주님을 사랑하는 줄 주님께서 아시나이다'라고 대답했다(요 21:15, 16, 17). 그 대답을 들으시고 예수님은 내 양을 먹이라고 말씀하셨다. 그러한 베드로의 대답에 예수님은 만족하셨던 것인가? 만족하셨기에 목양이라는 사명을 베드로에게 수여하신 것이 아닌가 반문할 수 있다. 그러나 반대의 해석도 가능하다. 예수님의 처음 두 차례 질문은 'ἀγαπᾷς με [아가파스 메]'이었던 반면, 세 번째 질문은 'φιλεῖς με [필레이스 메]'이기 때문이다. 반면 베드로는 한결 같이 'φιλῶ σε [필로 쎄]'라고 대답했다. 즉 예수께서 두 차례 베드로에게 기대하셨던 것은 '아가페(ἀγάπη)'였으나, 베드로는 우정에 해당하는 '필리아(φιλία)'로 대답한다. 마지막에 예수님은 '필리아'로 그 수준을 낮추어 베드로에게 질문하신다. 즉 예수님은 베드로에 대한 기대 수준을 낮추신 것이다. 이 본문이 다른 두 종류의 사랑을 제시하며, 이를 통해 예수님의 사랑과 베드로의 사랑을 대조하고 있음은 분명하다.

이 해석의 타당성과 관련해 가장 큰 계명으로 제시된 하나님 사랑과 이웃 사랑을 규정하는 구약 성경의 본문에서는 어떤 형태의 사랑이 규정되고 있는지 살펴볼 필요가 제기된다. 헬라어 역본인 칠십인역에 따르면, 하나님에 대한 사랑과(신 6:5) 이웃에 대한 사랑(레 19:18) 모두 '아가페'의 어근을 사용하였다(ἀγαπήσεις [아가페쎄이스]). 이 명령에 따르면, 베드로는 이스라엘에게 주어진 전통적 규범의 기준에 미치지 못하고 '필리아'를 고집했던 것이 된다. 그리고 그러한 베드로의 대답 앞에서 예수님은 그 기대 수준을 낮추신 것이 된다.

이는 구약 성경이 제시하는 '아가페'의 용례에 근거하기 때문에 보다 설득력 있는 해석이라 할 수 있겠으나, 여전히 풀어야 할 과제는 남아 있다. 그 과제는 다음과 같은 질문으로 제기된다. "히브리어 본문에서는 '사랑'을 나타내기 위해 어떤 어휘를 사용하는가?" "칠십인역처럼 히브리어 본문은 아가페와 필리아에 해당되는 어휘들을 구분하며 사용하는가?" 최종적으로 "구약 성경 히브리어 본문은 헬라어 역본의 번역을 지지하고 있는가?"

앞에서 언급된 예들을 히브리어 본문에서 살펴보면, 그와 관련해 제기된 질문에 긍정적인 대답을 하기는 어렵다. 히브리어 본문에서는 하나님과 이웃에 대한 사랑이 모두 '아하바(אַהֲבָה)'라는 명사 내지 '아하브(אָהַב)'라는 동사를 사용해 표현되기 때문이다. 더욱이 구약 성경은 이 단어들이 사용되는 다양한 용례들을 수록하고 있다. 다시 말해서 이 명사 '아하바(אַהֲבָה)'와 동사 '아하브(אָהַב)'는 하나님(출 20:1; 신 7:9; 수 22:5)을, 때로는 사람(아 2:4; 3:5; 5:8; 8:4)을, 때로 친구(삼상 18:3; 20:17; 삼하 1:26)를, 때로는 이성(호 3:1; 아 3:1~4)이나 물질(사 1:23; 호 3:1; 전 5:10[9]), 심지어 우상들(왕상 11:2)까지도 그 대상으로 삼는다.[1]

이 같은 히브리어의 다양한 용례는 그 '아하바(אַהֲבָה)'가 지닌 보편적이며 동시에 다양한 특징들을 제시한다. 즉 대부분 사람들은 보편적으로 사랑을 하고, 사랑을 받는 데 있어서 다양한 방식으로 그 행위를 행하나, 그 사랑을 행하는 구체적 방식이나 대상이 다양하다는 현실을 구약 성경은 외면하지 않는다. 구약 성경 속 '아하바(אַהֲבָה)'의 용례를 놓고 볼 때, 베드로의 대답과 그에 대한 예수님의 반응은 또 하나의 해석의 가능성을 제시한다. 자신이 예수님의 기준에 부합하지 못했음을 알고 있었던 베드로는 자신의 방식대로, 그가 가장 잘하는 방식으로 예수님을 사랑하겠노라 대답했던 것이다. 그리고 예수님은 베드로의 그러한 대답을 받아들이고 동의하셨다는 해석의 가능성을 말이다.

지금까지 본문의 다양한 의미를 밝히기 위한 원어 중심의 해석의 예를 제시한 것은 소위 말하는 원문의 우수성을 강변하려는 것이 아니다. 원

---

1 L. Koeler & W. Baumgartner, *The Hebrew and Aramaic Lexicon of the Old Testament*, vol. 1, (Leiden, Boston, Köln: Brill, 2001), 17b-18b. 이하에서는 *HALOT*으로 표기한다.

문 성경이 지닌 사본 상의 불일치, 훼손과 같은 문제점들은 성경 해석자들에게 있어서 지속적으로 풀어야 할 과제라는 점은 부인할 수 없는 사실이다. 오히려 필자는 실용적 측면에서 다음의 질문에 답해야 하는 압박을 느낀다. "신학생은 물론 목회자를 포함한 성경 해석자들에게 있어서 성경 원어를 이해하고 활용하기 위한 노력과 시간의 투자는 효율적이라 할 수 있는가?" 문법적으로, 구문론적으로, 또한 단어의 의미와 개념에 있어서 히브리어와 우리말 사이에는 차이점들이 적지 않다. 덧붙여 매우 분주하게 펼쳐지는 현장 목회의 다양한 현실은 성경 원어에 투자할 수 있는 적절한 시간을 할애하는 데 장애물로 작용하기도 한다. 다른 한편으로 우리말로 번역된 성경이 세계의 그 어떤 역본에 견주어서도 결코 뒤지지 않는 훌륭한 번역본이라는 엄연한 사실 역시 유사한 장애를 만들어내는 것은 아닌지?

그러나 아무리 훌륭하게 번역된 역본이라 할지라도, 원문이 가진 뉘앙스를 완벽하게 나타내기란 거의 불가능에 가깝다. 현실적으로 '모든' 해석자들이 성경 원어의 전문가로서 원문을 완벽하게 해석하는 것 역시 거의 불가능에 가깝다. 그러나 필자는 오히려 여기에 나름의 해답이 있다고 본다. "내가 이미 얻었다 함도 아니요 온전히 이루었다 함도 아니라 오직 내가 그리스도 예수께 잡힌 바 된 그것을 잡으려고 달려가노라"(빌 3:12)라는 사도 바울의 고백처럼, 한 구절의 의미를 혹시라도 잘못 이해하지 않기 위해, 나아가 명확한 해석을 위해, 진리를 구하는 구도자로서 노력하는 자세가 성경 원어의 효율성에 대한 최선의 대답일 것이다.

하나님께서는 예언자 하박국에게 "너는 이 묵시를 기록하여 판에 명백히 새기되 달려가면서도 읽을 수 있게 하라"고 명령하셨다. 아직은 기록된 말씀을 읽으면서 달려가기는 무리라고 생각하는 성경 언어의 초보자들이나, 원어 해석의 어려움 앞에 서 있는 해석자들에게 본서는 출발점으로 나아가기를 권하는 초대장이라 하겠다. 본서는 본문 속 한 단어의 의미부터 간단한 구문상의 특징에 이르기까지 원어의 특징이 본문의 의미를 더욱 풍성하게 해주는 예들로 구성되었다. 그러한 예들은 필자가 신학도로서 히브리어를 처음 접했던 시점부터 지금에 이르기까지 히브리어 연구와 강의를 통해 축적된 것들이다. 그러한 예들이 성경 해석의 정답이라고 할 수는 없으나, 원문에 대한 호기심을 발동케 하고, 한 단어의 의미를 원어에 근거해 진지하게 고민할 수 있게 한다면, 초대장으로서 그 목적을 달성했다고 하겠다. 기록된 말씀을 원어의 의미에 비추어 "달려가면서도 읽을 수 있는"(합 2:2) 수많은 신학도들과 성경 해석자들의 모습을 개인적으로 소망하며….

2023년 1월

김한성

일러두기

본서에서 히브리어 자음은 다음과 같이 음역된다. 히브리어의 특성상 한글로 표기하기 어려운 자음들은 가능한 한 원음에 가까운 형태로 음역하고자 하였다.

글자	명칭		음가 (음역)	
א	אָלֶף	알레프 (ʾA̓lef)	ㅇ	ʾ
ב	בֵּית	베이트 (Bêṯ)	ㅂ	*b, v*
ג	גִּימֶל	기멜 (Gi̓mel)	ㄱ	*g, g̱* (gh)
ד	דָּלֶת	달레트 (Dāleṯ)	ㄷ	*d, ḏ (dh)*
ה	הֵא	헤 (Heʾ)	ㅎ	*h*
ו	וָו	와우 (Wāw), 바브 (Vāv, MH)	ㅂ	*w* (*v*, MH)
ז	זַיִן	자인 (Záyin)	ㅈ	*z*
ח	חֵית	헤트 (Ḥêṯ)	ㅎ	*ḥ*
ט	טֵית	테트 (Ṭêṯ)	ㅌ	*ṭ*
י	יוֹד	요드 (Yôd)	이	*y*
כ ך	כַּף	카프 (Kaf)	ㅋ	*k, ḵ (kh)*
ל	לָמֶד	라메드 (Lāmeḏ)	ㄹ	*l*
מ ם	מֵם	멤 (Mēm)	ㅁ	*m*
נ ן	נוּן	눈 (Nûn)	ㄴ	*n*
ס	סָמֶךְ	싸메크 (Sāmeḵ)	ㅆ	*s*
ע	עַיִן	아인 (ʿÁyin)	ㅇ	ʿ
פ ף	פֵּה	페 (Pē)	ㅍ	*p, f*
צ ץ	צָדֵי	짜데 (Ṣādê)	ㅉ	*ṣ*
ק	קוֹף	코프 (Qôf)	ㅋ	*q*
ר	רֵישׁ	레쉬 (Rêš)	ㄹ	*r*
שׂ	שִׂין	씬 (Śîn)	ㅅ	*ś*
שׁ	שִׁין	쉰 (Šîn)	쉬	*š*
ת	תָּו	타우 (Tāw), 타브(Tāv, MH)	ㅌ	*t, ṯ*

차례

1장 |

하나님의 두 이미지 (창 1:1~2)

창세기 1장 1~2절은 성경의 서장으로서, 하나님의 창조 사역을 간결하지만 장엄하게 선포한다.

"태초에 하나님이 천지를 창조하시니라 땅이 혼돈하고 공허하며 흑암이 깊음 위에 있고 하나님의 영은 수면 위에 운행하시니라"

이 말씀은 하나님의 본질적이고 대표적인 모습을 창조주로 제시한다는 점, 그리고 간결하지만 창조 이전 상태를 묘사한다는 점에 있어서 여러 가지 신학적 의의들을 함축하고 있다. 성경을 읽다 보면 하나님과 관련해 어렵지 않게 발견할 수 있는 특징 하나가 있다. 그것은 성경이 '하나님의 본질이 무엇인가?'라는 추상적 질문이나, 추상적 설명을 제시하지 않는다는 점이다. 성경은 하나님의 행동을 구체적으로 묘사하는 경향을 보인다. 위의 본문 역시 '하나님은 창조주이시다'라는 선포가 아닌 '하나님께서 천지를 창조하셨다'라는 구체적 행위를 제시한다. 이로써 '하나님은 누구이신가?'라는 질문에 대답한다.

이어지는 본문 역시 창조 이전 상태를 '무'라는 추상적 개념으로 제시하지 않는다. 창조 이전 상태는 구체적으로 깊은 물이 모든 것을 덮고 있는 혼돈으로 제시된다. 이 혼돈은 하나님께서 활동하지 않으시거나, 침묵하시는 등, 하나님의 부재가 초래하게 될 비극적 상황을 연상시킨다.[2] 그러나 엄밀히 말해서, 창조 이전 상태는 물론 창조의 그 찬란한 순간 역시 하나님의 형상으로 창조된 인간조차 경험하거나 인식할 수 없는 신비의 영역일 뿐이다. 창조에 관해 계속되는 하나님의 질문 앞에 욥이 주저하며, 손으로 그 입을 가리겠다고 고백한 점(욥 40:4)은 하나님의 창조가 사람의 경험과 사고를 초월한 근원적 사건이었음을 말해 준다. 이와 동일하게 창세기 서장의 선포와 창조 이전 상태에 관한 짧은 서술은 창조의 비법이나 우주 창조 이전의 신비한 상태 자체를 설명하려 하지 않는다. 그 두 구절은 '하나님이 누구이신가'를 설명하려는 시도인 동시에 하나님의 초월적 특성을 제시하려는 시도이다. 즉 그 두 구절은 혼돈과 무질서로 상징되는 '무'로부터 질서정연한 아름다운 피조의 세계를 창조하신 이가 바로 하나님이심을 강조한다.

흥미롭게도 이 창조주는 1절과 2절에서 각각 '하나님(אֱלֹהִים [엘로힘])'과 '하나님의 영(רוּחַ אֱלֹהִים [루아흐 엘로힘])'으로 묘사된다. 이 세계 시작의 주역인 창조주를 이렇듯 두 가지 명칭으로 표현하는 목적은 무엇인가? 기독교인이라면 '하나님은 영이시니'(요 4:24)라는 친숙한 말씀으로 인해, 성경 서장의 이 명칭상의 차이점에 주목하지 못할 수도 있다. 그러나 이러한 상이한 명칭이 성경 첫 장의 첫째와 둘째 구절이자, 하나님에 관한 최초의 언명에 나타난다는 점은 숙고할 필요가 있다. '하나님의 영(רוּחַ אֱלֹהִים)'은 2절을 제외하면, 세계 창조를 서술하는 창세기 1장에서는 더 이상 언급되

---

2 이 혼돈은 특히 하나님의 심판이 초래할 비극적 상황의 시원적 모델이다. 대표적으로 노아 시대 홍수로 묘사된 하나님의 심판은 창조 이전의 혼돈으로 회귀라는 모티브를 보여준다. cf. 사 24:10; 40:23; 렘 4:23; 계 21:1 등

지 않는다. 창세기 전체에서도 '하나님의 영'은 파라오가 요셉을 이집트의 총리로 임명하는 장면 속에서 한 차례 언급될 뿐이다. 나아가 모세 오경 전체에서도 이 명칭은 단지 다섯 차례[3]만 사용될 뿐이다.

사용된 횟수를 놓고 볼 때, 독특한 표현이라 할 수 있는 '하나님의 영'이 '하나님'과 함께 사용됨으로써, 그 두 구절이 묘사하는 바, 우리말 성경에서 적절히 표현되지 않는 점을 살펴보자. 본문에서 하나님의 행위는 구체적으로 1절의 '창조하다(בָּרָא [바라])' 2절의 '운행하시다(מְרַחֶפֶת [메라헤페트])'는 두 동사로 묘사된다. '바라(בָּרָא)'는 하나님의 창조 사역을 나타내는 대표적 동사이다. 이 동사는 구약 성경 전체를 통틀어 그 용례를 통해 판단할 때 하나님의 창조 사역의 초월적 특성을 전제한다. 그 동사는 구약 전체를 통해 반드시 하나님만을 주어로 사용하며, 단 한 차례도 인간을 주어로 사용하지 않는다. 즉 구약 성경 속 이 동사의 용례는 인간이 절대로 모방할 수 없는 하나님만의 독특한 창조 사역을 전제한다. 그 전제는 이론적으로 인간이 따라 할 수 없는 '무로부터의 창조'라고 볼 수 있다. 창세기 1장 1절에서도 당연히 이 동사의 주어는 하나님으로 명시된다. 우리말과 비교할 때, 히브리어의 두드러진 차이점 하나는 명사, 형용사 동사가 성과 수에 따라 변화한다는 점이다. 본문 속 동사 '바라(בָּרָא)'는 남성 단수형[4]에 해당된다.

반면 2절에서 '운행하다'로 번역된 동사 '메라헤페트(מְרַחֶפֶת)'의 주어는 '하나님의 영'이다. 이 동사는 날개 치며 공중에 멈춰 떠 있거나 맴도는 독

---

3 이 명칭은 오경에서 천지 창조(창 1:2), 요셉의 총리직 임명(창 41:38), 브살렐의 특별한 기술(출 31:3; 35:31), 발람의 예언(민 24:1)과 관련해 사용된다.

4 문법적으로 이 동사를 분석(parsing)하면 다음과 같다. Qal 동사, 완료 시제, 3인칭, 남성 단수, 어근 'ברא', 의미-'창조하다'. 동사에 있어서 완료 남성 3인칭 단수형은 히브리어 동사의 기본형이다.

수리와 같은 맹금류의 동작을 나타낸다.[5] 그러므로 이 동사는 창조 이전 모든 것이 뒤죽박죽 혼돈 상태에 빠져 있는 물질계를 초월해 드높은 차원에서 고고하게 존재하시는 하나님의 이미지를 그려낸다. 그러므로 이러한 이미지를 만들어내는 동사 '운행하다' 역시 '바라(בָּרָא)'와 동일하게 하나님의 초월성을 전제한 것으로 해석된다. 그러나 '운행하다'는 동사는 그 초월성을 또 다른 면으로 확장한다. 그 확장은 '하나님께서 수면 위에 운행하시니라'가 아니라 '하나님의 영이 수면 위에 운행하시니라'라는 현재 형태의 표현을 통해 제시된다. 여기서 사용된 동사 '메라헤페트(מְרַחֶפֶת)'는 여성 단수형 분사로 분석된다.[6] 이는 남성 단수형인 '바라(בָּרָא)'와 차이를 보인다. 그 차이점은 '운행하시다'의 주어인 '하나님의 영(רוּחַ אֱלֹהִים)'이 문법적으로 여성형인 점에서 발생한다.

결과적으로 현재 형태의 성경 본문 가운데 하나님에 대한 최초의 언급이 한 차례는 남성적 이미지로, 이어서는 여성적 이미지로 표현되는 형태가 만들어진다. 물론 이러한 묘사는 하나님의 성을 제시하려는 의도를 지닌 것으로 보기 어렵다. 히브리어에서 모든 어휘들은 자연성 혹은 문법성에 따라 남성명사나 여성명사로 구분되나, '하나님의 영' 내지 '영'이 자연성에 따라 여성으로 분류되었다고 볼 수는 없기 때문이다.[7] 이러한 표현은 인간 사고의 한계를 초월하는 하나님의 모습을 제시하려는 의도를 지녔다

---

5 *HALOT*, vol. 2, 1220a.

6 이 동사는, Piel 동사, 분사, 여성 단수, 어근 'רחף', 의미 – '공중에 떠서 날며 움직이다'로 분석된다.

7 '하나님의 영'이 문법적으로 여성형 어휘로 분류된 이유는 영(רוח)이 여성 명사이기 때문이다. 이 단어는 구약 성경에서 일반적으로 여성명사로 분류되나, 때로는 남성명사로 사용되기도 한다(출 10:13, 19; 민 11:31; 사 57:16; 렘 4:12; 겔 27:26; 시 51:12; 78:39; 욥 4:15; 8:2; 20:3; 전 1:6; 3:19).

고 해석하는 것이 적절할 것이다. 전술한 바와 같이 고대 히브리어 가운데 모든 사물은 자연성이나 문법성에 의해 반드시 남성 혹은 여성의 이미지로 분류되었다. 그러므로 그 언어를 사용하는 인간은 사물을 성의 측면에서 남성 혹은 여성으로 분류하는 사고방식에 익숙해질 수밖에 없었다. 그러한 사고방식이나 고정관념은 성경의 처음 두 구절에 의해 깨어진다. 하나님은 인간의 고정관념에 제한될 수 없는 초월자이시기 때문이다.

인간 창조의 증언 속에서도 유사한 방식으로 하나님의 초월성이 제시된다. "하나님이 자기 형상 곧 하나님의 형상대로 사람을 창조하시되 남자와 여자를 창조하시고"(창 1:27). 이 말씀은 한편으로 피조 세계 속 하나님의 형상대로 창조된 인간의 독특한 위치(cf. 창 1:28; 시 8:5~8)를 선포하면서, 창세기 1장 1~2절과 마찬가지로 남성과 여성의 이미지를 모두 하나님께 부여하고 있다. 이 역시 남성과 여성으로 구분하는 인간의 분류 방식이나 인간의 정체성을 하나님께 적용할 수 없음을 암시한다. 이처럼 창세기 1장 1~2절 속 동사의 형태와 그 문법성은 창조주 하나님의 초월성을 강조하며 성경의 서장을 장식하고 있다.

히브리어 돌아보기

אֱלֹהִים [엘로힘]: 하나님

רוּחַ אֱלֹהִים [루아흐 엘로힘]: 하나님의 영

בָּרָא [바라]: '그가 창조했다'

מְרַחֶפֶת [메라헤페트]: '(그녀가) 운행하는 중이다'

2장 |

하나님의 바람

창세기 1장 2절은 하나님께서 이 세계를 창조하시기 전 상태를 간략하게나마 서술해 준다.

"땅이 혼돈하고 공허하며 흑암이 깊음 위에 있고 하나님의 영은 수면 위에 운행하시니라"

앞 장에서 언급한 바와 같이, 창조 이전 상태에 관해서 성경은 추상적인 '무(無)'의 개념을 천명하는 대신, 땅과 깊음의 물 그리고 그 위에 짙게 깔린 어둠을 제시한다. 이는 무라는 창조 이전 상태의 개념을 구체적으로 '혼돈' 즉 무질서로 제시하는 전형적인 성경의 특징에 속한다.

그 가운데 등장하는 '하나님의 영'이란 표현은 혼돈의 상태를 심화하는 극적인 표현으로도 해석될 수 있다. 영으로 번역된 히브리어 'רוּחַ [루아흐]'가 '바람'이란 뜻도 지니기 때문이다. 예수님 역시 이러한 'רוּחַ'의 개념을 잘 알고 계셨음을 명확하게 보여주는 에피소드가 있다. 거듭난 자만이 하나님의 나라에 들어갈 수 있다는 예수님의 말씀에 놀란 니고데모는 사람이 어떻게 거듭날 수 있는지 묻는다. 이때 예수께서 들려주신 대답 중 다음의 내용이 등장한다.

"바람이 임의로 불매 네가 그 소리는 들어도 어디서 와서 어디로 가는지 알지 못하나니 성령으로 난 사람도 다 그러하니라"(요 3:8)

영으로 거듭나야 함을 제시하는 가운데, 갑자기 예수께서는 성령의 신비를 이해시키기 위해 '바람'을 예로 제시하신 것이다. 물론 여기서 바람으로 번역된 단어는 헬라어 'πνεῦμα [프뉴마]'이나, 이 헬라어 역시 히브리어 'רוּחַ'와 동일하게 '영'과 '바람'이라는 두 가지 의미로 사용되는 단어이다.[8] 그러므로 성령과 바람을 관련 지어 설명하셨다는 점은, 예수께서 구약의 전통적 개념을 기반으로 히브리어 'רוּחַ'의 이중적 의미를 적절히 사용하셨음을 보여준다.

이러한 뜻을 창세기 1장 2절 본문에 적용하면 'רוּחַ אֱלֹהִים [루아흐 엘로힘]' 역시 전통적 번역인 '하나님의 영' 외에 '하나님의 바람'으로 해석될 여지가 있다. 이 해석을 2절에 적용하면, 그 본문은 창조 이전 혼돈 상태에 관한 극적인 묘사를 제시하고 있음을 확인할 수 있다.

"땅이 혼돈하고 공허하며 흑암이 깊음 위에 있고 '하나님의 바람'은 그 수면 위에 불고 있었다."

우리말 성경을 포함해 많은 역본들이 지향하는 전통적 번역, '하나님의 영'이 혼돈 상태를 아득히 뛰어넘는 하나님의 초월성을 강조한다면, '하나님의 바람'이란 번역은, 깊은 물이 모든 것들을 덮고 있는 시원의 혼돈 위로 몰아치는 하나님의 바람이 초래하는 극한의 혼돈 상태를 강조한다. 여기서 유의해야 할 것은 '하나님의 바람'이란 직역이 자칫 오해를 불러일으킬 수도 있다는 점이다. 이 직역은 하나님을 바람의 소유격으로 간주하게

---

8 W. Bauer, tr. by W.F. Arndt & F.W Gingrich, *A Greek-English Lexicon of the New Testament and Other Early Christian Literature*, 2nd edition (Chicago & London: The University of Chicago Press, 1979), 674b-678b.

해서, 그 바람을 '하나님께서 소유하신/일으키신 바람'이라는 인상을 줄 수 있기 때문이다. 이는 극단적으로 창조 이전의 혼돈이 하나님에게서 유래한 것으로 잘못 해석될 가능성마저 내포한다. 물론 이 표현이 전제하는 개념 가운데 하나가 '하나님 소유의 바람'임은 분명하다. 그러나 하나님의 소유 개념을 전제한 이런 표현 형식은 히브리어에서는 사실상 최상급을 나타내는 구문이다. 이와 동일한 최상급의 용례를 확인할 수 있는 대표적인 예 하나는 창세기 30장 8절이다.

"라헬이 이르되 내가 언니와 크게 경쟁하여 이겼다 하고 그의 이름을 납달리라 하였더라"[9]

우리말 성경에서 '크게 경쟁하여'로 번역된 원문 'נַפְתּוּלֵי אֱלֹהִים [나프툴레이 엘로힘]'은 직역하면 '하나님의 경쟁들'이다. 야곱의 사랑을 독차지한 라헬이었으나, 아들을 낳지 못한다는 사실이 그녀를 괴롭혔던 것은 분명하다. 위의 말씀은 그녀가 아들 출산을 자신과 레아 사이의 경쟁으로 여겼음을 보여준다. 자신의 시녀 실바를 통해 얻은 두 아들 중 한 명에게 경쟁을 뜻하는 '납달리'라는 이름을 붙인 것은 이를 증명한다. 그 경쟁은 라헬에게는 가장 큰 경쟁, 즉 '하나님의 경쟁들'로 인식될 정도로 그녀는 아들 낳기를 갈망했던 것이다. 라헬의 그 같은 심정을 생생하게 표현하는 이 본문의 경우 원문의 '하나님의 경쟁들'은 우리말 성경에서 '크게 경쟁하여'로 적절하게 번역되었다.

이같이 하나님의 소유 형식으로 구성된 원어의 최상급 표현과 관련해

---

9 이 구절을 원문으로 살펴보면, 눈썰미 있는 독자라면, 외형적으로 유사한 세 가지 표현이 반복됨을 어렵지 않게 확인할 수 있다. 'וַתֹּאמֶר רָחֵל נַפְתּוּלֵי אֱלֹהִים נִפְתַּלְתִּי עִם-אֲחֹתִי גַּם-יָכֹלְתִּי וַתִּקְרָא שְׁמוֹ נַפְתָּלִי' 이 히브리 문장에서 세 가지 형태의 밑줄로 표시된 표현들은 형태상으로나 발음상으로 유사하다. 그 세 표현 'נַפְתּוּלֵי אֱלֹהִים ([나프툴레이 엘로힘], 하나님의 경쟁)' 'נִפְתַּלְתִּי ([니프탈티], 내가 경쟁했다)' 'נַפְתָּלִי ([나프탈리], 납달리)'는 모두 경쟁과 관련된 표현이다.

우리말 성경은 일반적으로 직역하는 경향을 보여준다.[10] 반면 창세기 30장 8절과 같이 문맥에 비추어 그 직역이 매우 어색할 경우, 적절하게 의역을 한다. 창세기 1장 2절로 돌아가 그 최상급 표현을 의역하면 다음과 같은 문장으로 번역된다.[11]

"땅이 혼돈하고 공허하며 흑암이 깊음 위에 있고 '거대한 바람'이 그 수면 위에 휘몰아치고 있었다."

이와 같은 번역은 기존의 본문과 비교할 때 창조 이전 물로 뒤덮인 엄청난 혼돈 그리고 그 위로 끊임없이 휘몰아치는 상상을 불허하는 거대한 광풍이란 장면을 보다 효과적으로 연출한다. 그 같이 강화된 혼돈의 이미지와 함께 이어지는 구절은 하나님의 능력을 보다 극적 방식으로 제시하게 된다. 그 엄청난 혼돈과 무질서 상태가 창조주이신 하나님의 단 한마디 말씀에 의해 정리되기 때문이다. "빛이 있으라"(창 1:3)는 말씀에 의해서! 빛의 창조와 동시에 혼돈은 빛과 어둠으로 구분되는 창조의 질서 속

10 구약 성경 속 이런 유형의 최상급 표현들은 우리말로 번역될 때 직역으로도 또한 의역으로도 번역되었다. 직역의 예는 다음과 같다. "또 한 사람이 와서 아뢰되 하나님의 불(אֵשׁ אֱלֹהִים [에쉬 엘로힘])이 하늘에서 떨어져서 양과 종들을 살라 버렸나이다"(욥 1:16), "당신은 우리 가운데 있는 하나님이 세우신 지도자(נְשִׂיא אֱלֹהִים [느씨 엘로힘], 하나님의 지도자)이시니"(창 23:6), "주의 의는 하나님의 산들(הַרְרֵי-אֵל [하르레이 엘])과 같고 주의 심판은 큰 바다와 같으니이다"(시 36:7), "그 그늘이 산들을 가리고 그 가지는 하나님의 백향목(אַרְזֵי-אֵל [아르제이 엘]) 같으며"(시 80:11), "네가 네 마음에 이르기를 내가 하늘에 올라 하나님의 뭇별(כּוֹכְבֵי-אֵל [코크베이 엘]) 위에 내 자리를 높이리라"(사 14:13). 의역의 예는 다음과 같다. "부대와 노략꾼들도 떨었으며 땅도 진동하였으니 이는 큰 떨림(חֶרְדַּת אֱלֹהִים [헤르다트 엘로힘], 하나님의 떨림)이었더라"(삼상 14:15). 앞서 제시된 직역의 예들은 거대한 불, 최고의 지도자, 가장 높은 산들, 거대한 백향목, 가장 높은 별들 등으로 해석될 수 있다.

11 영역본 중 하나인 JPSA는 이 구절을 "the earth being unformed and void, with darkness over the surface of the deep and a wind from God sweeping over the water"로 번역하였다. 결과적으로 이 번역은 최상급 표현과 직역을 조합한 형태이다. 구문론적으로 또 다른 가능성을 제시한 번역이나, 이러한 번역은 하나님이 창조 이전의 혼돈에 적극적으로 참여하는 인상을 주는 것은 아닌지 신학적 재고가 필요하다.

으로 사라진다.

결국 'רוח'가 지닌 '영'과 '바람'이라는 이중적 의미, 그리고 'אלהים [엘로힘]'과 결합되어 구성되는 최상급 용법은 2절 전체가 제시하는 창조 이전 상태를 보다 극적인 장면으로 강화하며, 최종적으로 창조주 하나님의 거대한 권능에 관한 사람의 상상력이 지닌 한계를 깨닫게 해준다. 전 우주적 규모의 압도적인 바람을 한마디 말씀으로 잠재우는 하나님의 권능에 의해서 말이다.

히브리어 돌아보기

רוּחַ [루아흐]: 영, 바람

נַפְתּוּלֵי אֱלֹהִים [나프툴레이 엘로힘): 하나님의 경쟁들, 최고의 경쟁

אֵשׁ אֱלֹהִים [에쉬 엘로힘]: 하나님의 불, 거대한 불

נְשִׂיא אֱלֹהִים [느씨 엘로힘]: 하나님의 지도자, 최고의 지도자

הַרְרֵי-אֵל [하르레이 엘]: 하나님의 산들, 가장 높은 산들

אַרְזֵי-אֵל [아르제이-엘]: 하나님의 백향목, 가장 큰 백향목

כּוֹכְבֵי-אֵל [코크베이-엘]: 하나님의 별들, 가장 높은 별들

חֶרְדַּת אֱלֹהִים [헤르다트 엘로힘]: 하나님의 떨림, 가장 큰 떨림

3장 |

내 살 중의 살, 뼈 중의 뼈

기독교인 여부와 관계없이 대부분 사람들에게 낙원이나 파라다이스라고 하면 떠오르는 대표적 장소 하나가 에덴이다. 그 동산에 살았던 아담과 그의 아내 하와는 최초의 인류 내지는 전체 인류를 지칭하는 대명사로 사용되기도 한다. 타락 이후 줄곧 인류가 식면하고 경험해 왔던 현실은 일면 고통과 한계가 수반된 현실임을 부인할 수는 없다. 그래서 현실과 달리 고통이나 죽음과 무관한 낙원 에덴동산 속 그 주인공들의 삶은 많은 호기심을 불러일으키는 흥미로운 주제이기도 하다.

그러나 많은 흥미를 자아내는 주제임에도 불구하고 성경에서 언급되는 에덴동산 속 삶에 관한 이야기는 많지 않기 때문에 일면 아쉬움을 자아내기도 한다. 그 동산 속 주인공인 아담과 그의 아내에 관한 이야기들도 그리 긴 분량은 아니다. 대략 아담의 창조, 아담의 갈빗대로 창조된 여자, 뱀의 유혹과 인간의 타락, 에덴동산으로부터 추방 정도로 요약된다. 흥미로운 점은 그 짧은 분량의 이야기 속에 기록된 아담의 언행이다. 이 역시 짧은 분량이다. 그러나 그 짧은 분량이 에덴에서 아담과 그의 아내가 거주한 기간과 비례할까? 창세기 본문 속에서 그가 얼마나 오랜 기간 낙원에 거주했는지 정확하게 추측할 수 있는 단서는 충분치 않다. "저녁이 되고 아침이 되니"라는 시간 단위를 반복해서 제시하는 창세기 1장의 창조 이야기와는 달리, 에덴과 관련된 창세기 2~3장 속 이야기는 명확한 시간의 흐름을 제시하지 않기 때문이다.

그럼에도 몇 가지 단서들을 놓고 볼 때, 에덴에서 추방되기 전까지 아담이 상당 기간 그곳에 거주했다고 추정할 수 있다. 아담의 창조 후 이어지는 사건이 에덴동산의 창설부터, 식물과 네 강의 근원 그리고 각종 들짐승과 새의 창조에 이르기 때문이다. 이 일련의 사건들에 대한 간략한 묘사에도 불구하고, 그 본문 가운데 의도되는 실제 시공의 영역은 결코 적지 않다. 그런데 그러한 점과는 대조적으로 아담이 그 각각의 사건들 가운데 말했던 내용은 최소한으로만 인용된다. 선악을 알게 하는 나무의 열매를 금하는 하나님의 명령 앞에 아담의 대답은 전제될 뿐이다. 하나님께서 흙으로 지으신 각종 들짐승과 새들을 아담에게 이끌어 가셨을 때에도 성경은 단지 "아담이 각 생물을 부르는 것이 곧 그 이름이 되었더라"고만 서술한다. 어떤 동물에게 어떤 이름을 지어주었는지, 한 차례의 예도 직접적으로 제시되지 않는다. 이는 이름을 지어주는 다른 경우와 비교해 다소 이례적이다. 창세기에서 특정 장소나 인물에 이름을 짓거나 고쳐주는 에피소드는 드물지 않게 나타난다. 예를 들어, 야곱은 "두렵도다 이 곳이여! 이것은 다름 아닌 하나님의 집이요 이는 하늘의 문이로다"(창 28:17)라고 말하며, 자신이 노상에서 유숙했던 장소 루스에 벧엘이라는 이름을 붙였다.[12] 야곱이 한 말이 직접 인용되어 기록되었을 뿐 아니라 그 가운데 벧엘

12 이름 또는 지명을 붙인 이유를 제시하는 문학적 기법을 성경학에서는 기원론(Aetiology)이라고 한다. 창세기 한 권만 하더라도 다음과 같이 기원론에 속한 다양한 예들을 수록하고 있다. 인명과 관련해서는, 아브라함(17:5), 이삭(21:3~7, cf. 18:15), 야곱(25:26), 에돔

이라는 이름을 붙은 이유가 제시된다. 야곱의 생각에 그 장소는 하나님의 집, 즉 벧엘이었기 때문이다.

이와 달리 에덴동산 속 아담은 상당히 과묵한 인물로 생각될 정도로 그는 거의 침묵하다시피 한다. 그 가운데 아담이 한, 두 가지 말이 직접 인용되고 있는데, 그 하나는 하나님께서 창조하신 여인을 보고 한 말이며, 다른 하나는 선악과의 일로 하나님께서 심판을 선포하실 때 그가 내민 변명이다. 대부분 본문의 정황 속에 전제되거나 간접적으로 인용되는 아담의 언명과 달리, 이 두 경우에서는 그가 한 말이 직접 인용됨으로써 아담의 행동이나 감정을 더욱 생동감 있게 이해하게 하는 효과를 준다.

이러한 점에 비추어 본문을 살펴보면, '돕는 배필'로 창조되어 자신의 앞에 선 하와를 향한 아담, 그리고 그의 말을 직접 인용하는 본문 구성은 그가 느꼈을 반가움과 기쁨을 효과적으로 나타낸다. 과묵한 아담의 표현은 구체적으로 어떤 방식으로 자신의 생각을 표현하고 있을까?

"이는 내 뼈 중의 뼈요 살 중의 살이라 이것을 남자에게서 취하였은즉 여자라 부르리라"(창세기 1:23)

널리 알려진 아담의 이 말의 정확한 뜻은 무엇일까? 이 말이 주어진 본문은 하나님께서 혼자 살고 있는 아담을 위하여 돕는 배필을 창조하신 사건을 그 맥락으로 한다. 그 창조는 아담에게서 취하신 갈빗대로 여자를 만드심으로 완성된다. 이러한 맥락을 토대로 하면, '내 뼈 중의 뼈요, 살 중의 살이라'는 언명은 그 여자가 자신의 갈빗대로 창조되었다는 점을 지칭하는 것으로 해석될 수도 있다. 이러한 해석은 히브리어 원문을 일견할 때

(25:30), 요셉(30:24), 지명과 관련해서는, 브엘라해로이(16:13~14), 소알(19:20~22), 브엘세바(21:31, cf. 26:33), 갈르엣(31:47), 마하나임(32:3), 브니엘(32:31) 등이 있다.

지지받는 듯하다. 우리말에서 '~중'으로 번역된 히브리어 'מִן(민)'은 일반적으로 '~부터'라는 의미로 사용되는 전치사이기 때문이다.[13] 이 의미를 적용하면, 아담의 첫 문장은 "이는 내 뼈들로부터 [창조된] 뼈요, 내 살로부터 [창조된] 살이라"로 번역된다.

이러한 의미는 문법적으로 문제가 없다고 할 수 있겠지만, 아담이 처음 만나는 하와 앞에서 단지 그녀가 무엇으로부터 창조되었는지, 그녀의 창조에 사용된 원재료에게 관심을 두었다고 보아야 하는가? 본문이 그 같은 의미를 지닌 것이라면, 아담은 상대에 대한 배려가 부족한 성품의 소유자로 생각되기 쉽다. 성경 기자가 굳이 그런 의미의 문장을 직접 인용하려 했을지 의심스럽다. 아담의 이 언명이 직접 인용되었다는 점은 자신과 같이 하나님의 형상대로 창조된 동반자를 처음 만나는 기쁨과 놀라움을 표한다고 해석하는 것이 적절하지 않을까? 그리고 아담은 그 동반자를 존중했던 에덴의 거주자로 보는 것이 타당하지 않을까?

그 같은 해석의 가능성은 앞에서 언급한 전치사 'מִן(민)'이 지닌 또 다른 의미에서 발견할 수 있다. 이 전치사 'מִן'이 비교급에 사용되는 전치사로서 '~보다'라는 의미를 지녔기 때문이다.[14] 이를 적용하면 아담의 언명은 '이는 내 뼈들보다 [나은] 뼈요, 내 살보다 [나은] 살이라'을 의미할 수 있

---

13 이 경우 전치사 'מִן'은 장소와 시간에 모두 적용된다. '이는 여호와께서 강하신 손으로 너를 애굽에서(מִן, 애굽으로부터) 인도하여 내셨음이니'(출 13:9), '만일 그가 그 밭을 희년부터(מִן) 성별하여 드렸으면'(레 27:17). 또한 사람이나 사물의 기원이나 출처를 나타내기 위해서도 사용된다. '여호와 하나님이 흙으로(מִן, 흙으로부터) 각종 들짐승과 공중의 각종 새를 지으시고'(창 2:19).

14 이러한 의미는 전치사 'מִן'이 주로 형용사 그리고 동사와 사용될 경우에 적용된다. "그는 모든 사람보다(מִן) 지혜로워서(חָכָם [하캄], 지혜로운)"(왕상 4:31 [히 5:11]), "왕의 하나님이 솔로몬의 이름을 왕의 이름보다 더 아름답게 하시고 그의 왕위를 왕의 위보다(מִן) 크게 하시기(גִּדֵּל [기델], 위대하게 만들다)를 원하나이다"(왕상 1:47), "그들이 돌이켜 그들의 조상들보다 더욱(מִן) 타락하여(הִשְׁחִית [히쉬히트], 타락하다)"(삿 2:19)

다. 물론 본문에 '나은' 혹은 '좋은'과 같은 형용사가 사용되지는 않았다. 이는 전치사 'מִן'에서 추론된 의미이다.

그러나 히브리어의 최상급 표현 하나는 이와 견줄 수 있는 유사한 형태를 보여준다. 이 최상급 표현의 형식은 '뼈 중의 뼈'와 같이 동일한 단어의 복수형과 그 단수형이 결합된 표현 방식이다. 이 같은 형식의 최상급 표현은 의외로 자주 사용된다. 성전 가운데 하나님의 법궤가 자리잡고 있는 곳을 일러서 '지성소'라고 한다. 이 지성소는 직역하면 '성물들 중의 성물(קֹדֶשׁ הַקֳּדָשִׁים [코데쉬 하코다쉼])'(출 26:33)이다. 이 표현이 적용된 성소의 특별한 구역은 하나님께서 현존하시는 장소이며, 대제사장만이 일 년 중 대 속죄일에만 들어갈 수 있는 가장 거룩한 장소이다. 그래서 그곳은 '성물들 중의 성물,' 또는 '성소의 여러 장소들 중의 성소' 즉 가장 거룩한 장소인 '지성소'이다.

솔로몬의 아름다운 사랑의 노래를 수록한 아가서 역시 이와 동일한 형식으로 구성된 최상급 표현이다. '아가'로 번역된 히브리어는 '노래들 중의 노래(שִׁיר הַשִּׁירִים [쉬르 하쉬림]),' 즉 가장 아름다운 노래(아 1:1)를 뜻하는 최상급 표현이다. 하나님 없는 삶의 허무를 탄식하며 전도서의 서장을 장식하는 그 유명한 탄식 "헛되고 헛되며 헛되고 헛되니 모든 것이 헛되도다"(전 1:2) 역시 이러한 최상급을 사용한다. 여기서 "헛되고 헛되며(הֲבֵל הֲבָלִים [하벨 하발림])"는 '헛된 것들 중의 헛된 것,' 즉 '가장 헛된 것'을 뜻한다. 하나님 없이 하나님과 무관하게 지혜를 추구하고 세상의 이치를 구하는 모든 것들은 '지극히 헛된 행동'일 뿐임을 전도서는 그 서장부터 강하게 토로하는 것이다.

이러한 최상급 표현은 하나님에게도 적용된다. 하나님은 '신 가운데 신이신'(אֱלֹהֵי הָאֱלֹהִים [엘로헤이 하엘로힘]) 존재이다(신 10:17). 이는 여호와께서 '최고의 신' 나아가 '유일신'이심을 천명하는 최상급 표현으로 보아야 한다. 이 하나님께서 명하신 안식일은 큰 안식일(שַׁבַּת שַׁבָּתוֹן [샤바트 샤바톤]), 즉 안식 중의 안식인 최고의 안식이며(출 31:15), 일주일의 다른 날들과 비교해 반드시 안식해야 할 거룩한 날임을 이 최상급 형식을 통해 표현한다.

물론 지금까지 제시된 최상급 형식에서는 전치사 'מִן'은 사용되지 않기 때문에, 엄밀하게 말해서 아담이 한 말과 정확하게 일치한다고 보기는 어렵다. 그럼에도 불구하고 이상의 표현은 사실상 비교의 의미로 사용되는 그 전치사를 전제한 것으로 보인다. 동일한 단어의 복수형과 단수형의 사용과, 최상급 표현이 전제하는 비교의 의미는 이를 지지해 준다.

그러므로 이러한 최상급의 의미를 아담이 한 말에 적용하면, 다음과 같이 의역할 수 있다. "이 사람은 내 최고의 뼈요 최고의 살이라 이 사람을 남자에게서 취하였은즉 여자라 부르리라" 즉 아담은 처음 본 하와를 최고의 존재로 존중하였다. 그러한 존중은 아담의 언명 중 최초의 직접 인용된 언명이자, 인류 최초의 '시'로서 성경 속에 수록된 것이다. 낙원 속에서 이루어진 두 남녀의 만남은 이처럼 상대를 최고의 존재로 노래하는 시와 함께, 상대를 향한 최고의 찬사와 함께 이루어졌다.

히브리어 돌아보기

מִן [민]: ~로부터, ~보다

קֹדֶשׁ הַקֳּדָשִׁים [코데쉬 하코다쉼]: 성물들 중의 성물, 지성소

שִׁיר הַשִּׁירִים [쉬르 하쉬림]: 노래들 중의 노래, 가장 아름다운 노래, 아가서

הֲבֵל הֲבָלִים [하벨 하발림]: 헛된 것들 중의 헛된 것, 가장 헛된 것

אֱלֹהֵי הָאֱלֹהִים [엘로헤이 하엘로힘]: 신 가운데 신, 최고의 신

שַׁבַּת שַׁבָּתוֹן [샤바트 샤바톤]: 안식 중의 안식, 최고의 안식

4장 |

아담은 어디에 있었나?

앞에서 우리는 전치사가 지닌 다양한 의미를 고려함으로써, 성경의 특정 본문들을 새롭게 재해석할 수 있는 몇 가지 예들을 살펴보았다. 본 장에서는 기독교인들에게 친숙한 또 다른 전치사 'עִם (임)'의 이중적 의미를 살펴보고자 한다. 이 전치사의 의미는 우리에게 친숙한 또 다른 성경 본문의 의미를 새롭게 조명하기 때문이다.

사실상 히브리어를 배우지 않은 기독교인들조차도, 그것이 전치사임을 알지 못하지만, 성탄절이 다가올 때마다 한 번쯤 떠올리는 단어가 바로 히브리어 전치사 'עִם(임)'이다. 마리아의 남편 요셉의 꿈에서 주의 사자는 예수님의 탄생과 관련해 이사야의 예언을 인용하였다. 그 예언 속 '임마누엘(עִמָּנוּ אֵל)'이란 이름이 "하나님이 우리와 함께 계시다"로 번역되었는데(마 1:24), 여기서 '함께'로 번역된 전치사가 바로 전치사 'עִם(임)'이기 때문이다.

우리말의 '함께'라는 단어가 관계성과 함께 물리적 현존 즉 동행을 모두 나타내듯이 전치사 'עִם(임)' 역시 동일하게 기능한다. 예를 들어 '오늘 점심에 우리는 함께 식사했다'는 문장 속 '함께'는 물리적 현존(동행)을 나타낸다. 오늘 점심이라는 특정 시간은 그 동행의 의미를 명확하게 해준다. 반면, '올해 그들은 함께 지도자 과정을 이수하였다'는 문장 속 '함께'는 같은 과정에 참여했다는 관계성을 나타낸다. 올해라는 장기간의 시간은 주어인 그들이 항상 동행했다는 것을 의미하지는 않기 때문이다. 즉 이 경우 그들로 규정된 주어는 반드시 물리적으로 가까운 거리에 있을 필요는 없다.

히브리어 'עִם(임)'의 용례 역시 동일한 기능을 보여준다. "그 사람들이 거기서 일어나서 소돔으로 향하고 아브라함은 그들을 전송하러 함께(עִם) 나가니라"(창 18:16) 이 구절 속 '함께'는 물리적 동행을 나타낸다. 반면 "네가 무슨 일을 하든지 하나님이 너와 함께(עִם) 계시도다"(창 21:22)라는 문장 속 'עִם'은 관계성을 강조한다. 그러나 엄밀하게 말해서 후자의 경우 동행의 의미가 완전히 배제될 수 없다고 주장할 수도 있다. 바로 이러한 단어의 다양한 의미가 본문의 해석을 보다 풍부하게 해준다. 이 해석의 가능성을 염두에 두고, 창세기 3장 6절을 살펴보자.

"여자가 그 나무를 본 즉 먹음직도 하고 보암직도 하고 지혜롭게 할 만큼 탐스럽기도 한 나무인지라 여자가 그 열매를 따먹고 자기와 함께 있는(עִם) 남편에게도 주매 그도 먹은지라"

여기서 사용된 '함께'의 해석과 관련해 다음과 같이 질문을 제기할 수 있다. "뱀이 여인을 유혹하는 동안 아담은 어디에 있었는가?" 다시 말해서 이 본문 속 'עִם'은 관계성을 나타내는가? 아니면 물리적 현존(동행)을 나타내는가? 그 질문에 관하여 바울은 '관계성'을 토대로 답변하였다. "아담이 속은 것이 아니고 여자가 속아 죄에 빠졌음이라"(딤전 2:14)

그러나 앞에서 살펴본 전치사 'עִם'이 두 가지 의미를 지닌 것과 같이 창세기의 본문 역시 그 전치사와 관련해서 '관계성'과 동시에 '동반'으로 해석할 수 있는 단서들을 보여준다. 첫째, 전술한 바와 같이 전치사 'עִם'이 지닌 이중적 의미 자체가 그 단서가 된다. 둘째, 뱀과 여자가 나눈 대화의 형태는 전치사 'עִם'의 의미가 '동반'일 수 있음을 제시한다. 구체적으로 대화의 처음부터 마지막까지 뱀은 '너희'라는 2인칭 대명사 복수형을 사용해서 대화의 상대방을 지칭한다(1, 4, 5절). 여자 역시 자신을 가리켜 '나'라는 1인칭 대명사 단수형이 아니라 '우리' 또는 '너희'라는 복수형을 사용해 대답한다(2, 3절). 히브리어에서 일반적으로 동사는 화자의 성, 수에 따라 변화한다. 유혹의 그 장소에 뱀과 여자만 있었다면, 그 대화 속 주어는 '너'와 '나'라는 단수형 인칭대명사로 제시되어야 적절하다. 그러나 그 대화 속 주어가 복수형으로 표현되었다는 사실은, 그 여인이 함께한 남편을 포함해 하나님의 형상대로 창조된 인류를 대표하고 있음을 암시한다. 그리고 뱀과 여인의 대화 내용에 남자가 참여하지 않았다는 점은, 그 역시 심정적으로 여인에게 동조한 것으로 해석될 수 있다. 즉 현재 형태의 문장은 그 유혹의 장소에 아담이 침묵 가운데 자신의 아내와 함께 있는 정황을 제시한다.

이같이 유혹과 타락이 발생한 동일한 장소 그리고 같은 시점에 아담과 여자가 함께(עִם) 있었다는 해석을 토대로 본문의 전후 맥락을 살펴보면, 하나의 연속된 주제가 일관되게 제시되어 있음을 발견하게 된다. 인간 창조부터 타락으로 이어지는 전체 맥락 가운데 거듭 반복되는 것이 바로 남녀가 지닌 동질성이란 연속된 주제이다.

그 동질성, 그리고 그를 기초로 한 남녀의 평등함은 성경에서 다음과 같은 순서로 제시된다. 먼저 남자와 여자는 모두 하나님의 형상대로 창조된 동등한 피조물이다(창 1:27). 하나님의 형상은 남자에게만 국한된 특성이 아니다. 남자와 여자는 모두 하나님의 형상대로 창조되었다. 동일한 기준으로 창조된 남자와 여자는 동등하게 하나님의 복을 받는 대상으로 선포된다. 남자와 여자에게 복을 주시면서 하나님께서 그들에게 주신 사명은, 생육하고, 번성하여, 땅에 충만하며, 땅을 정복하고, 모든 피조 세계를 다스리는 것이다(창 1:28). 창조의 질서 속에서 정복과 다스림 역시 남자에게만 국한되지 않는다. 정복과 다스림이란 사명은 본문 속 표현대로는 '그들' 즉 하나님의 형상으로 창조된 남자와 여자에게 주어졌기 때문이다.

이와 같은 동질성이란 주제는 창세기 2장 속 여자의 창조 속에서도 명확하게 드러난다. 아담, 즉 남자가 먼저 창조되었으나, 그 자체로는 하나님 보시기에 좋지 아니한 상태였다(창 2:18). 남자가 혼자 사는 것은, 타락 이전 에덴에 이미 하나님 보시기에 좋지 않은 것으로 평가된다. 그로 인해 하나님은 여자를 아담의 돕는 배필로 지으셨다. 이때 하나님께서는 아담을 깊이 잠들게 하시고, 그의 갈빗대를 취하여 여자를 창조하셨다. 아담을 창조하셨을 때와 동일하게 하나님은 또다시 흙으로 여자를 지으실 수도 있었으나 그렇게 하지 않으셨다. 여자가 아담의 갈빗대로 창조되었다는 점은, 그 두 사람이 동일한 본질을 공유하고 있음을 뜻한다. 즉 그들은 한 몸과 같은 정체성을 지니게 되었다. 안타깝게도 이러한 동질성은 선악과를 따먹는 현장에서도 동일하게 나타난다. 그들은 함께(עִם) 유혹을 받았고, 함께(עִם) 선악과를 먹는 행동, 즉 타락에도 함께 참여한 것이다.

전치사 'עִם'의 또 다른 의미 '동반'을 토대로 본문과 그 전후 맥락을 살펴볼 때 이처럼 그 본문은 전통적 해석이 파악하지 못했던 또 다른 의미를 제시해줄 수 있다.

히브리어 돌아보기

עִם [임]: ~와 함께

עִמָּנוּ אֵל [임마누 엘]: 하나님이 우리와 함께 계시다

5장 |

물에서 건진 아들!

구약 성경은 물론이고 성경 전체를 통해서 유명하고도, 독특한 위치를 점하고 있는 인물은 누구일까? 이 질문에 답하기 위해서는 유명하고, 독특한 위치를 가늠할 수 있을 기준이 제시될 필요가 있다. 이삭에 대한 하나님의 명령까지도 순종함으로써 믿음의 조상으로 기억되는 아브라함, 헷 사람 우리아의 일 외에는 평생에 여호와 보시기에 정직하게 행하고 자기에게 명령하신 모든 일을 어기지 아니하였기에(왕상 15:5), 이스라엘 열왕들은 물론 모든 신앙인이 본받아야 할 모범이 된 다윗! 이 같은 인물들은 앞의 질문에 제시될 수 있는 후보들임은 분명하다.

이러한 후보들 가운데 빼놓을 수 없는 인물이 모세라 하겠다. 그는 하나님께서 출애굽을 위해 선택하시고 지명하신 지도자였으며, 이스라엘 예언사 속에서 그에게 견줄 만한 예언자를 찾아보기 어려운 최고의 예언자이기도 했다(신 34:10~12). 그의 활동은 예언자직으로만 국한되지 않았다. 그는 하나님의 권능에 의지해 홍해를 가른 능력의 인물이자, 하나님께서 주신 십계명과 율법을 전달하고, 가르치고, 해석했던 법률가였다. 그는 이스라엘의 사법제도를 창설하고(출 18:24~25) 실행한 재판장이자 행정관이었으며, 하나님의 말씀에 따라 이스라엘을 이끌었던 정치 지도자였다. 또한 성막을 건축하고, 제사장 제도는 물론 이스라엘의 종교 제도를 확립한 주역이다. 그가 세운 모든 제도들은 출애굽 세대는 물론 그 후 계속해서 이스라엘의 모든 분야에 영향을 주었다.

그가 이스라엘의 모든 분야에 준 지대한 영향만큼이나, 성경이 모세의 생애를 서술하는 방식도 독특하다고 하겠다. 단적으로 출애굽기에서 시작된 모세의 생애는 레위기와 민수기를 거쳐 신명기에 가서 대단원의 막을 내린다. 모세 외에 성경 속 그 누구도 그 생애를 기록함에 있어서 이러한 분량이 할애된 바 없다. 아브라함 이야기는 그의 소명부터 죽음까지 국한된다. 성경은 다윗의 출생을 언급하지 않는다. 기본적으로 성경은 위인들의 생애 자체가 아니라 그들을 통해 활동하신 하나님에 초점을 맞추기 때문이다. 이 특징을 놓고 볼 때, 모세의 생애는 태어날 때부터 그의 생애 마지막 순간까지 하나님의 섭리를 위한 부대가 된다.

그러므로 모세의 출생 이야기는 신학적으로 여러 가지 시사점을 지닌다. 먼저 그는 태어나자마자 죽음의 위협에 처한다. 히브리인이 번성을 막기 위해 파라오가 남자 아기가 태어나면 나일강에 던지라는 무시무시한 명령을 내렸기 때문이다. 이와 유사한 사건은 예수 그리스도의 탄생 속에서도 유사하게 재현된다. "유대인의 왕으로 나신 이"에 대한 소식을 들은 헤롯은 베들레헴에 있는 두 살 이하의 사내아이를 죽이는 유아 학살을 명하기 때문이다(마 2:16). 모세의 어머니는 아기를 석 달 동안 숨겨 키우다가 결국 갈대 상자 속에 아기를 담아 나일강 가의 갈대 사이에 두었다. 우연히 그 곳에 이르게 된 바로의 딸이 그 아기를 발견하고, 아들로 삼았다. 결국 이집트의 왕이 자행한 유아 학살 앞에서 아기 모세는 이집트의 중심 즉 왕궁으로 피하게 된다. 이와 유사하게 헤롯의 유아 학살을 피해 요셉과

마리아는 아기 예수를 데리고 이집트로 피신한다(마 2:14~15). 덧붙여 아기 모세 이야기와 아기 예수님의 이야기 속에서 여인들의 활동이 매우 부각된다. 모세의 어머니 요게벳의 계획과 그 누이 미리암의 지혜로운 행동이 모세의 안전은 물론 어머니 요게벳이 계속해서 아기를 양육할 수 있는 기회를 마련해주었다. 신약시대 "주의 여종이오니 말씀대로 내게 이루어지이다"(눅 1:38)는 마리아의 결심과 그녀의 친족 엘리사벳의 증거는 예수 그리스도의 탄생과 관련된 기념비적 사건이다. 이러한 유사점들은 하나님의 구원사 속에 모세가 차지한 비중이 어느 정도인지 가늠할 수 있게 한다.

더욱이 아기 모세 이야기와 관련해 빼놓을 수 없는 점은 바로 그에게 주어진 '모세'라는 이름이다. 이 이름이 의미하는 바가 구원이기 때문이다. 성경 본문에 따르면, 그 이름을 지어준 이는 그를 양자로 삼았던 바로의 딸이다. 이 왕녀는 그 이름을 지은 이유와 관련해 "이는 내가 그를 물에서 건져내었음이라"고 말한다(출 2:10). 당시 태어난 히브리 남아들을 기다리고 있었던 것은 나일강에 수장되어야 할 잔혹한 운명이었다. 그러나 모세는 나일강에서 구원받았다! 또 출애굽의 구원은 홍해에서 최종적으로 완성된다. 홍해를 기적적으로 벗어난 이스라엘 백성과 달리, 뒤늦게 이스라엘을 뒤쫓아 홍해에 들어섰던 이집트 군대는 수장되었다. 이스라엘의 출애굽은 물에서 벗어남으로 완성된다. 이같이 구원의 맥락 속에서 모세라는 이름은 하나님께서 계획하셨던 구원, 즉 나일강에서 구원받았던 모세 자신의 사건과 홍해의 바다를 건넘으로 성취된 이스라엘 구원 사건을 이중적으로 상징한다.

그의 이름이 자신뿐만 아닌 이스라엘 민족 전체에 대한 구원의 전조로서 출애굽 사건을 예시하듯이, 그의 인생 자체도 이스라엘의 출애굽뿐만 아니라 가나안에 이르는 모든 여정과 따로 떼어 놓을 수 없다. 모세오경 중 출애굽기부터 신명기에 이르는 역사는 모세의 출생부터 죽음에 이르는 인생 여정과 일치한다. 성경은 일반적으로 특정 인물의 전 인생을 소개하는 데 다소 인색하다고 말할 수 있다. 믿음의 조상 아브라함은 75세의 나이에 하나님의 부르심과 함께 성경의 무대에 등장한다. 다윗 역시 사무엘의 베들레헴 방문 가운데 처음 등장한다. 이 역사적인 인물들의 출생은 언급되지 않는다. 물론 사무엘이나 예레미야와 같이 출생부터 죽음까지 언급되는 인물들이 전혀 없는 것은 아니지만, 모세와 같이 그 생애가 네 권의 성경을 걸쳐 묘사되는 경우는 예외적이라 하겠다. 이는 그만큼 이스라엘의 역사 속에서, 그리고 하나님의 구원 역사 속에서 모세가 차지하는 비중이 어느 정도인지를 간접적으로 가늠하게 한다.

그러므로 '내가 그를 물에서 건져내었음이라'는 의미를 지닌 그의 이름이 언급될 때마다, 모든 신앙인들에게 이스라엘 구원사의 대표적 사건인 출애굽이 떠오르기 마련이다. 모세라는 이름을 설명하며, 그 의미를 제시하는 문장 "내가 그를 건져내었음이라"는 히브리어로는 단 한 단어로 표현되었다(מְשִׁיתִהוּ [메쉬티후], 출 2:10). 이 표현은 단순한 설명을 넘어서 얼핏 듣기에도 모세라는 히브리어 발음(מֹשֶׁה [모쉐])을 연상시킨다. 왜냐하면 '건지다'를 뜻하는 히브리어 동사 'מָשָׁה [마샤]'의 어근이 모세라는 이름의 어근과 동일하기 때문이다. 구원을 연상케 하는 이 동사는 구약 성경 다른 본문 속에서도 유사하게 상징적 방식으로 사용되었다. 자신을 구원하신 여호와를 찬양하는 가운데, 다윗은 이 동사를 사용해 "많은 물에서 나를 건져내셨도다(יַמְשֵׁנִי [얌쉐니])"[15]라고 고백한다(삼하 22:17). 다윗

15 이 동사는 히필(Hiphil)동사로서 기본형은 'הִמְשָׁה [힘샤]'이나 의미는 파알동사 'מָשָׁה [마샤]'와 동일하게 '건져내다'이다.

의 이 찬양시는 고스란히 시편에 수록되어 시편 18편이 되었기 때문에, 여기서도 동일한 고백을 발견할 수 있다(시 18:17). 모세라는 이름을 설명하는 토대로 이 동사가 지닌 물에서 건짐이란 의미는 단순히 어의론(語義論)적 측면만이 아닌 구속사적 측면에서 적지 않은 비중을 차지할 것으로 예상할 수 있을 것이다. 그러나 그러한 기대와는 달리, 구약 성경에서 동사 'מָשָׁה [마샤]'는 위의 예가 제시하듯이 단지 세 차례 사용되었을 뿐이다.

예상과 달리 매우 적은 빈도수와 함께, 그 이름 모세에 대한 설명은 문법적인 측면에서 해결해야 할 문제를 안고 있다. 동사 'מָשָׁה [마샤]'와 관련해, 모세(מֹשֶׁה [모쉐])라는 이름의 형태는 문법적으로 능동형 분사이기 때문이다. 즉 그 이름의 형태는 '건지는 자'를 뜻한다. "내가 그를 건져내었음이라(מְשִׁיתִהוּ [메쉬티후])"라는 파라오의 딸이 한 말(출 2:10)에 비추어 보면, 그 이름은 '건짐을 받은 자'를 뜻하는 'מָשׁוּי [마슈이]'와 같이 수동 분사형이 되어야 했다.[16] 즉 제시된 설명과 모세라는 이름의 형태가 미묘한 의미상의 차이를 보이는 것이다.

히브리어의 분사형태에 비추어 볼 때 나타나는 의미상의 차이에도 불구하고, 모세라는 이름이 동사 'מָשָׁה [마샤]'와 연결된 이유는 무엇일까? 혹시 그 이름을 지어 준 파라오의 딸이 히브리어를 잘 알지 못했기 때문이 아닐까? 이집트라는 대제국의 공주가 당시 국가 노예들이 사용하던 히브리어를 알고 있었을까? 이러한 질문들과 관련해 많은 구약학자들은 모세라는 이름이 원래 이집트어였다고 주장한다. 고대 이집트어 '*mose*'는 동

---

16 일반적으로 히브리어의 동사는 세 개의 어근으로 구성되며, 그 기본형은 파알(Paʿal)동사이다. 동사 'מָשָׁה [마샤]'처럼 세 번째 어근이 'ה(헤)'인 동사의 경우, 능동 분사의 기본형은 'מֹשֶׁה [모쉐]'이며, 수동 분사의 기본형은 성경 본문 속에서 사용된 바는 없으나, 규칙에 따르면 'מָשׁוּי [마슈이]'가 된다. 이와 동일한 대표적인 예는 'בָּנָה [바나], 건축하다'로서 수동 분사 기본형은 'בָּנוּי [바누이], 건축된'가 된다. 이에 관해서는 *HALOT*, vol.1, 139a.

사로서는 '태어나다'를 의미하는 남성 3인칭 수동형이었고,[17] 여기서 파생된 형태 '*mś*(*w*),' 또는 '*mesu*'는 아이 혹은 남자아이 즉 아들을 뜻했다. 그 대표적인 예가 람세스라는 파라오의 이름이다. 과거에 '라모세'로 발음되기도 했던 이 이름은 '태양신 라(Ra)에 의해 태어난 자,' 간단하게는 '태양신 라의 아들'이란 의미를 지녔다. 다시 말해서 모세라는 이름은 출애굽기의 배경이 되는 이집트의 제19왕조 이후 제20왕조에서 '아들' 혹은 '태어난 자'라는 의미로 흔히 사용되었다. 동일한 역사적 배경 속에서 파라오의 딸은 나일강에서 발견해 양자로 삼은 아이에게 '아들'을 뜻하는 이집트식 이름 '모세'라는 이름을 지어주었을 것으로 추정된다. 그녀가 고대 히브리어를 잘 알고 있지 않았다면 말이다!

그렇다면 출애굽기가 그 이름 '모세'를 물에서 건짐을 뜻하는 동사 'מָשָׁה [마샤]'와 연관 지어 설명하는 목적은 무엇인가? 결론적으로 이러한 설명은 정체성의 확립으로 볼 수 있다. 현재 형태의 본문 속에서 모세의 의미에 관한 설명이 제시된 시점은 젖을 뗀 모세를 파라오의 딸에게 데려간 때이다. 그러나 파라오의 딸은 물론 당시 그 주변의 이집트인들은 그 이름을 '물에서 건져낸 자'보다는 '아들' 혹은 특별한 신의 개입에 의해 태어난 자와 관련된 이집트식 이름으로 생각했을 것이다.

그러나 그 아이가 장성해서 동족 히브리인들의 비참한 현실을 목격하고, 결국 하나님의 부르심을 받게 된다. 그리고 동족을 구원하는 지도자로 세워졌을 시점에 이르자, 그는 모세라는 자신의 이름에 '물에서 건짐'이란 구원의 의미를 지닌 새로운 정체성을 부여한 것이다! 자신의 출생 그리고

---

17 예를 들어 *Ḥar-mose*는 '호루스 신이 태어났다'는 신의 이름을 구성요소로 하는 이름이다. *HALOT*, vol. 1, 642b.

이어지는 생명의 위협으로 인해 나일 강가에 버려졌으나 구원을 위한 하나님의 섭리 가운데 그 강물에서 구원받았다. 이제 모세는 '아들' 혹은 이집트식의 초자연적 힘에 의해 '태어난 자'가 아니라 하나님의 구원을 상징하는 이름으로 재해석되고, 그것은 모세의 사명이자, 자기 이해와 정체성의 토대로 규정된다. 그 이름은 다음과 같이 말한다. 모세의 삶 속에 구원하시는 하나님의 섭리는 미디안 광야에서 시작된 것이 아니라 그가 나일 강 갈대숲에 버려졌던 바로 그 순간부터 시작된 것이라고.

히브리어 돌아보기

מֹשֶׁה [모쉐]: 모세

מְשִׁיתִהוּ [메쉬티후]: 내가 그를 건져내었다

מָשָׁה [마샤]: 그가 건졌다

הִמְשָׁה [힘샤]: 그가 건졌다

מָשׁוּי [마슈이]: 건짐을 받은 (남성 단수형)

בָּנָה [바나]: 그가 건축했다

בָּנוּי [바누이]: 건축된 (남성 단수형)

6장 |

그녀의 웃음인가, 그의 웃음인가?

앞 장에서 살펴본 이름 '모세'는 이집트어의 의미를 토대로 할 때, 파라오의 딸이 아들을 얻음으로 느꼈던 기쁨 내지 기대감을 담은 이름이라 할 수 있다. 이집트어로 그 이름은 '아들이야!'라는 기쁨의 탄성을 뜻할 수 있기 때문이다. 이렇듯 구약 성경은 때때로 자녀의 이름을 짓는 어머니들의 행동을 소개한다. 자녀에게 주어진 이름에는 그를 출산한 어머니의 기쁨과 기대가, 때로는 안타까움이 배어 있기도 하다.

예를 들어, 야곱의 아내 레아는 "아들을 낳고 그 이름을 르우벤이라 하여 이르되 여호와께서 나의 괴로움을 돌보셨으니 이제는 내 남편이 나를 사랑하리라"고 말했다(창 29:32). 첫아들을 낳고 나서 레아가 이러한 기대를 품은 것은 남편이 자신보다 동생인 라헬을 더 사랑하였기 때문이다(창 29:31). 라헬만큼 사랑받지 못한다는 사실은 레아의 입장에서는 남편이 자신을 사랑하지 않는다는 생각으로 이어진 것으로 보인다. "이제는 내 남편이 나를 사랑하리라"는 레아의 기대는 역으로 그러한 생각을 보여준다. 사랑받지 못한다는 사실은 레아가 느낀 괴로움의 원인이었다. 이제 아들의 출산과 함께 그 괴로움의 끝을 기대하며, 레아는 아들에게 '르우벤(רְאוּבֵן)'이라는 이름을 붙인다.

르우벤은 레아의 기대와 함께 아들을 출산한 레아의 커다란 기쁨을 적절하게 표현한 이름이다. 이 이름은 히브리어로는 두 단어로 구성되어 있다. '르우(רְאוּ)'라는 동사와 '벤(בֵּן)'이라는 명사가 바로 그것이다. 전자는 '보다'를 뜻하는 동사 'רָאָה [라아]'의 명령형이다. 후자는 '아들'을 뜻하는 명사이다. 즉 'רְאוּבֵן'을 번역하면 '보아라! 아들이다!' 내지 '아들을 보아라!'가 된다. 레아는 아들을 낳고 '너희는 모두 내가 낳은 아들을 보아라!'라는 뜻의 이름을 지으며 자신의 기쁨과 기대를 그 이름으로 표현한 것이다.

이와 달리 아이의 이름에는 그 어머니의 안타까움이나 슬픔이 배어 있기도 하다. 라헬은 둘째 아들을 낳고는 죽음을 맞이하고 만다. 아들을 낳았다는 소리를 듣고, 그녀는 산고로 인해 생명이 다하는 순간에 아기에게 '베노니(בֶּן-אוֹנִי [벤-오니]'라는 이름을 지어주었다(창 35:18). 이 이름은 아들을 뜻하는 명사 '벤(בֵּן)'과 비탄, 애도 또는 탄식을 뜻하는 명사 '오니(אוֹנִי)'로 구성된다. 이를 토대로 '베노니'라는 이름은 '비탄의 아들' '애도를 초래한 아들'을 뜻하며, 심지어 그 의미를 '내 고통의 아들'로 보는 학자[18]도 있다. 결과적으로 그 이름은 갓 태어난 아이에게 어머니의 때 이른 죽음을 환기시킬 수 있었으며, 심지어 그 아이를 평생 이 슬픔의 그림자 속에 살아가게 할 수도 있는 이름이었다.[19] 이를 우려했던 야곱은 아이의 이름을 '베냐민(בִּנְיָמִין [빈야민])'으로 고쳤다. 그 이름은 '오른편의 아들'로 직역되며, '행운/행복의 아들'이란 의미로 해석되기 때문이다.

이같이 성경 속 자녀의 이름은 한 편으로는 어머니의 기쁨을 다른 한

---

18 C. Westermann, Trans. by J.J. Scullion, *Genesis 12-36: A Commentary*, (Minneapolis: Augsburg Publishing House, 1985), 555.

19 G. von Rad, Trans. by H. Marks, *Genesis*, *OTL*, (London: SCM Press LTD, 1972), 341.

편으로는 슬픔을 표현하기도 하지만, 때로는 여러 가지 복합적 감정과 심지어 경고적 메시지마저 간직한 이름도 있다. 그 같은 대표적 예가 '이삭(יִצְחָק [이쯔하크])'이라는 이름이다. 대부분의 한글 성경에서는 이삭이란 이름의 뜻을 각주로 달아서 '웃음'이라고 설명한다(창 17:19).

실제로 이삭의 출생에 관한 이야기 속에는 웃음과 관련된 구절들이 여러 차례 등장한다. 하나님께서 구십 세 된 아브라함의 아내 사래가 아들을 낳으리라고 말씀하시며, 그녀의 이름을 사라로 고쳐주시는 맥락 속에 처음으로 그 이름이 제시된다. 사라의 출산에 대해 아브라함은 다음과 같이 반응한다.

"아브라함이 엎드려 웃으며 마음속으로 이르되 백 세 된 사람이 어찌 자식을 낳을까 사라는 구십 세니 어찌 출산하리요 하고 아브라함이 이에 하나님께 아뢰되 이스마엘이나 하나님 앞에 살기를 원하나이다"(창 17:17~18)

사라가 아들을 낳으리라는 하나님의 말씀에 아브라함은 세 가지 반응을 보인다. 첫째, 그는 인간의 능력과 생각을 초월하는 하나님의 말씀 앞에 엎드린다. 이는 외적으로 하나님에 대한 경외감을 표현하는 행동임이 분명하다. 그러나 둘째 행위는 겉으로 드러난 경외와는 거리가 멀다. 그는 웃었다. 그 웃음이 어떤 의미를 포함한 웃음인지는 그의 셋째 행위를 통해 충분히 추론할 수 있다. 그는 하나님의 약속을 실현될 수 없는 것으로 판단한다. 그리고 마음속으로 자신과 아내가 출산할 수 없는 나이, 그것도 백 세와 구십 세라는 점을 들어 출산을 할 수 없다고 결론짓는다. 당연히 두 번째 행위인 웃음은 적게는 불신의 웃음이며, 크게는 비웃음의 의미마저 포함할 수 있다.

오랜 기간 삶을 함께 한 부부는 서로 닮아간다고 했던가? 아브라함의 이러한 웃음은 이어지는 창세기 18장에서 사라의 웃음으로 이어진다. 아브라함은 세 명의 나그네를 극진하게 접대하였다. 이어지는 이야기는 그 세 나그네가 하나님과 두 명의 천사임을 밝히지만, 당시 아브라함은 접대가 끝날 때까지 그 사실을 알지 못했던 것으로 보인다. 식사 후에 그들 중 한 명은 그 이듬해 사라에게 아들이 있으리라고 선포한다. 그들이 한 말을 뒤쪽 장막 문에서 들은 사라는 남편과 유사하게 두 가지 행동을 보인다. 첫째, 그녀는 속으로 웃었다. 역시 사라의 웃음의 의미는 그녀의 둘째 행위를 통해 명확하게 밝혀진다. "내가 노쇠하였고 내 주인도 늙었으니 내게 무슨 즐거움이 있으리요"(창 18:12) 자신들이 출산할 수 없는 나이에 이르렀으니 이제 출산과 같은 기쁨을 누릴 수 없음을 체념한 채 말한다.

아브라함의 웃음과 사라의 웃음에 관한 이 두 이야기의 결정적 차이가 나타나는 시점이 바로 사라의 독백 이후이다. 하나님은 아브라함에게 질문하신다. "사라가 왜 웃으며 이르기를 내가 늙었거늘 어떻게 낳으리요 하느냐"(창 18:13) 그 질문은 사라에게 아들이 있을 것이라는 반복된 약속으로 끝난다. 그 말을 들은 사라는 두려움을 느끼며, 자신이 웃지 않았다고 부인한다. 사실 그 질문은 사라가 아니라 아브라함에게 주어진 것이다. 만약 사라가 아무런 변명도 하지 않고, 침묵했더라면 이전 창세기 17장의 아브라함의 웃음에 관한 에피소드처럼 아들을 낳을 것이라는 거듭된 약속으로 이 에피소드 역시 끝맺었을 것이다. 그러나 두려움 가운데 웃지 않았다고 속인 사라에게 하나님은 다시 "네가 웃었느니라"라고 짧고도 단호하게 반박하셨다. 마지막 이 문장은 사라에 대한 부정적 이미지를 강화할 수도 있다. 하나님의 말씀 앞에 불신의 웃음 내지 비웃음의 반응을 보인 사라는 거기에 덧붙여 자기 행동을 부인하는 거짓까지 행한 것으로 묘사되기 때문이다.

그러나 이같이 사라를 부정적으로 해석하고 이해하는 것이 본문에 대한 적절한 해석과 이해라고 할 수 있을까? 본문 속 몇 가지 점들은 이와는 다른 방향의 해석을 가능케 한다. 먼저 창세기 18장 본문은 사라에 대한 부정적 이미지를 최소화하려는 경향을 보인다. 첫째, 아브라함과 사라의 많은 나이는 출산의 장애임이 강조된다. 이 난점은 물론 아브라함과 사라의 독백에서 각각 불신의 원인으로 제시된다. 사라의 경우에는 한 차례 더 이러한 점이 언급된다. 그러나 그 언급은 사라 자신의 말이 아니라 사라의 상태에 관한 본문의 해설 가운데 나타난다(창 18:11). "아브라함과 사라는 나이가 많아 늙었고 사라에게는 여성의 생리가 끊어졌는지라" 이 해설은 사라의 웃음을 묘사하는 구절 바로 앞에 제시됨으로써 사라가 그 같은 반응을 보일 수밖에 없는 이유를 제시한다. 또한 사라가 자신의 웃음을 부인한 이유 역시 제시된다. 그것은 그녀가 두려움에 사로잡혔기 때문이다(창 18:15). 자기 행위의 부정은 두려움에 직면할 때, 정직의 여부를 떠나 일반적으로 보이는 반응으로 볼 수 있다. 이 같은 사라의 행동 원인에 관한 설명은 아브라함의 웃음과 관련된 본문 속에서는 나타나지 않는 요소이다.

둘째, 하나님이 아브라함에게 한 질문은 그 내용을 놓고 볼 때 사라의 독백이 아니라 아브라함의 독백을 인용하고 있다. 사라는 "내 노쇠함 이후에 내게 어떤 욕망이 있으리요 그리고 내 주인은 늙었도다"(창 18:12)라고 말했다. 사라는 직접적으로 출산을 언급하지 않고 있다. 반면 아브라함이 웃으며 마음속으로 한 말은 "백 세 된 사람이 어찌 자식을 낳을까 사라는 구십 세니 어찌 출산하리요"였다(창 17:17). 하나님의 질문은 "내가 늙었거늘 어떻게 아들을 낳으리요"이다. 아브라함의 독백과 하나님의 질문은 모두 '출산하다'는 뜻을 지닌 동사(יָלַד [얄라드])를 직접 사용[20]한 반면, 사라의 독백 속에는 그러한 동사가 사용된 바 없다. 물론 하나님은 사라의 독백 자체가 아니라 그의 의도한 바를 인용하셨을 수도 있다. 그 같은 경우라 할지라도 하나님의 질문은 사라만이 아니라 일찍이 그와 동일한 말을 마음속에 품었던 아브라함을 당황하게 했을 것이다. 하나님의 질문은 겉으로는 사라를 향하고 있으나, 그 내용은 사실상 아브라함의 독백을 향하기 때문이다.

마지막으로, 아브라함의 아들에게 주어진 이름 이삭(יִצְחָק) 자체 역시 사라보다는 아브라함을 지칭한다. 이삭이라는 이름은 '웃음'을 뜻하지 않는다. 그 이름의 정확한 뜻은 '그가 웃을 것이다'이다. 즉 하나님께서 지으신 이 이름은 우선적으로 아브라함의 행동을 지칭한다. 본문의 형태를 다시 한번 살펴보면 이는 명확하게 드러난다.

"아브라함이 엎드려 웃으며(יִצְחָק [이쯔하크]) 마음속으로 이르되 백 세 된 사람이 어찌 자식을 낳을까 사라는 구십 세니 어찌 출산하리요"라고 말했다(창 17:17). 이에 하나님께서는 "네 아내 사라가 네게 아들을 낳으리니 너는 그 이름을 이삭(יִצְחָק)이라 하라"(창 17:19)고 말씀하셨다. 즉 이삭은 우선적으로 엎드려 마음속으로 웃으며, 아이를 낳기에 너무 늙었다고 독백하는 아브라함의 행동을 가리키는 이름이었다. 이와 유사한 대화

20 아브라함의 독백 속에서는 이 동사가 두 차례 사용된다. "백 세 된 사람이 어찌 자식을 낳을까(יִוָּלֵד [이발레드]) 사라는 구십 세니 어찌 출산하리요(תֵּלֵד)" 첫 번째 동사는 니팔(Niphal) 동사 미완료 3인칭 남성 단수형인 반면, 두 번째 동사는 칼(Qal)동사 미완료 3인칭 여성 단수형이다. 동사 형태를 토대로 직역하면 아브라함의 독백은 '백 세 된 자에게 (아들이) 태어나겠는가? 90세인 사라가 (아들을) 낳겠는가?'이다. 하나님이 인용한 문장 속에서는 이 동사가 한 차례 사용된다. "내가 늙었거늘 어떻게 아들을 낳으리요(אֵלֵד [엘레드])?" 이 동사는 칼 동사 미완료 1인칭 단수형이다.

가 하나님과 사라 사이에 등장하지만 확실하고도 미묘한 차이를 보여준다. 사라가 "속으로 웃고(וַתִּצְחַק [바티쯔하크][21]) 이르되 내가 노쇠하였고 내 주인도 늙었으니 내게 무슨 즐거움이 있으리요"라고 하자(창 18:12), 하나님은 사라가 "왜 웃으며(צָחֲקָה [짜하카][22]) 이르기를 내가 늙었거늘 어떻게 아들을 낳으리요"라고 하는지 아브라함에게 물으셨다(창 18:13).

위의 본문 속 히브리어 형태가 제시하듯이 아브라함이 하나님의 말씀을 듣고 웃은 그 행동은 고스란히 그의 아들의 이름이 되었다. 즉 이삭이 나타내는 바 '그가 웃을 것이다'는 우선적으로 아브라함의 웃음을 지적하며, 하나님 앞에서 자신의 행위를 돌아보게 하는 교훈적 기능을 지녔다고 볼 수 있다. 그러나 최종적으로 그 이름이 지칭하는 바에 변화를 준 인물이 있으니 그가 바로 사라이다. 하나님의 말씀대로 아들을 낳고 나서 사라는 다음과 같이 말한다. 하나님이 나를 웃게(צְחֹק [쯔호크]) 하시니 듣는 자가 다 나와 함께 웃으리로다(יִצְחַק [이쯔하크], 창 21:6). 원래는 불신과 심지어 비웃음마저 뜻할 수 있었던 이름 이삭에, 사라는 하나님께서 주신 웃음이란 의미와 함께, 자신에게 임한 하나님의 놀라운 역사를 듣는 자들이 웃음으로 함께 그 기쁨에 참여하리라는 새로운 의미를 부여했다. 그 결과 이삭이란 이름은 하나님의 놀라운 능력을 기뻐하며, 찬양하는 웃음을 의미하는 것으로 변화하며, 웃음과 관련된 아브라함과 사라의 부정적 이미지를 씻어 낸다.

---

21 이 동사 형태 'וַתִּצְחַק [바티쯔하크]'는 '그리고 그녀가 웃을 것이다'라는 의미이다.

22 이 동사 형태 'צָחֲקָה [짜하카]'는 '그녀가 웃었다'라는 의미이다.

히브리어 돌아보기

רְאוּבֵן [르우벤]: 르우벤

רְאוּ [르우]: 보라!(2인칭 남성 복수형)

רָאָה [라아]: 그가 보았다

בֵּן [벤]: 아들

בֶּן-אוֹנִי [벤–오니]: 베노니, 비탄의 아들

בִּנְיָמִין [빈야민]: 벤야민, 오른편의 아들, 행운/행복의 아들

יִצְחָק [이쯔하크]: 이삭, 그가 웃을 것이다

יִוָּלֵד [이발레드]: 그가 태어날 것이다

תֵּלֵד [텔레드]: 그녀가 낳을 것이다

אֵלֵד [엘레드]: 내가 낳을 것이다

וַתִּצְחַק [바티쯔하크]: 그녀가 웃을 것이다

צָחֲקָה [짜하카]: 그녀가 웃었다

צְחֹק [쯔호크]: 웃기

7장 |

이삭은 예언을 무시했는가?

이전 장의 아브라함과 사라의 웃음에 관한 본문이 제시하듯이 성경이 소개하는 부부 가운데 때때로 긍정적으로나 또는 부정적으로 공통된 행동을 보이는 이들이 있다. 아브라함과 사라 부부의 경우 아들 출산과 관련해 웃음이라는 공통점이 부각되었다면 그 아들 이삭과 리브가 부부 역시 아들의 출산 문제와 관련해 중요한 공통점을 보여준다. 사라가 임신하지 못해 자녀를 가지지 못했던 것처럼(창 11:30), 이삭의 아내 리브가 역시 임신을 하지 못했다(창 25:21).

아브라함과 사라 부부는 출산의 문제를 해결하기 위해, 여러 시도를 감행했으나, 그 문제는 최종적으로 하나님의 약속에 대한 믿음 그리고 그 약속의 성취를 기다리는 인내를 통해 해결되었다. 반면 간결하게 소개된 이삭의 행동은 보다 적극적으로 간구하는 태도로 묘사된다. "이삭이 그의 아내가 임신하지 못하므로 그를 위하여 여호와께 간구하매, 여호와께서 그의 간구를 들으셨으므로 그의 아내 리브가가 임신하였더니"(창 25:21) 즉 믿음과 인내로 하나님의 약속이 성취되기를 기다렸던 아브라함과는 차별화된 모습으로 이삭은 하나님께 간구하였다. 그리고 하나님은 그 기도에 응답하셨고, 리브가는 임신하게 된다. 그런데 임신 이후에 또 다른 문제가 발생했다. 임신한 리브가가 적지 않은 불편함을 느낀 것이다. 성경 본문은 이를 가리켜 "그 아들들이 그의 태 속에서 서로 싸우는지라"고 묘사할 정도였다(창 25:22).

이어지는 본문은 그 문제를 해결하기 위한 동일한 시도를 제시한다. "그가 이르되 이럴 경우에는 내가 어찌할꼬 하고 가서 여호와께 묻자온대"(창 25:22) 얼핏 한글 성경 속에 사용된 '그'라는 인칭대명사로 인해 기도를 한 인물로 이삭을 떠올릴 우려도 없지 않지만, 전후 맥락을 고려하면 하나님께 기도한 인물이 리브가[23]라는 점은 명확하다. 즉 이삭은 아내의 불임이 치유되고 아이를 가질 수 있도록 하나님께 기도했으며, 그의 아내 리브가는 태 속의 이상 상태(?)를 놓고 하나님께 기도한 것이다. 그들은 직면한 문제를 풀기 위해 하나님께 기도하는 공통된 행동을 보여 주었던 것이다.

하나님께서는 이삭의 기도에는 리브가의 임신으로, 리브가의 기도에는 그 몸이 불편하게 된 이유를 설명함으로 응답하셨다. 하나님이 리브가에게 응답하신 내용은 다음과 같다(창 25:33).

"여호와께서 그에게 이르시되 두 국민이 네 태중에 있구나 두 민족이 네 복중에서부터 나누이리라 이 족속이 저 족속보다 강하겠고 큰 자가 어린 자

23 히브리어 본문은 기도한 인물이 리브가라는 점은 명확히 보여준다. "그가 이르되(וַתֹּאמֶר [바토메르]) 이럴 경우에는 내가 어찌할꼬 하고 가서(וַתֵּלֶךְ [바텔레크]) 여호와께 묻자온대" 괄호 안에 제시된 히브리어 동사는 모두 '그녀'를 주어로 하며, 다음과 같이 분석된다. 'תֹּאמֶר': 칼동사, 미완료, 3인칭, 여성, 단수, 어근 'אמר', 말하다; 'תֵּלֶךְ': 칼동사, 미완료, 3인칭, 여성, 단수, 어근 'הלך', 가다. 이 동사의 의미를 살려 본문을 직역하면 다음과 같다. "그녀가 이르되, 이럴 경우에는 내가 어찌할꼬 하고, 그녀는 여호와께 물으러 갔다."

를 섬기리라 하셨더라"

이 말씀의 핵심을 바로 이해하기 위해서 먼저, 이 말씀을 리브가의 기도에 대한 응답이라는 문맥에 비추어 이해해야 한다. 즉 이 말씀은 리브가가 하나님께 드린 구체적인 기도에 대해 하나님께서 주신 구체적인 응답임을 기억해야 한다. 다음으로 그 내용과 관련해 '이 말씀의 주요 주제는 무엇인가?'라는 문제를 제기하며 본문을 읽을 때, 그 핵심을 명확히 이해할 수 있다. 보다 구체적으로는 '여호와께서는 리브가가 느낀 불편의 원인에 대해 무엇이라고 말씀하셨는가?'라는 질문을 제기할 수 있다.

그 질문에 대한 대답의 핵심 내용은 '쌍둥이'이다. 즉 쌍둥이 임신으로 인해 리브가는 예상했던 것과는 다른 점을 느꼈다는 점이 이 말씀이 함축하는 불편함에 대한 설명이다. 그런데 하나님의 이 대답이 그 쌍둥이의 미래를 예견하는 형식을 갖추기 때문에, 이 본문을 접하게 되는 독자나 해석자는 그 대답을 일종의 예언으로 인식하기도 한다. 문제는 하나님의 이 말씀이 단순히 '쌍동이'의 출생을 알려주는 것인지, 아니면 '쌍동이의 미래'를 말해주려는 것인지 선택하려 할 때 발생한다.

일반적으로 기독교인에게 리브가가 잉태한 이 쌍둥이가 에서와 야곱이라는 점은 잘 알려져 있다. 나아가 형 에서는 에돔 족속의 시조가 되었으나, 동생 야곱은 이스라엘 민족의 시조가 되었고, 특히 하나님께서 아브라함과 더불어 맺은 언약의 계승자라는 점 역시 널리 알려진 사실이다. 이러한 이야기에 친숙한 독자라면, 하나님께서 리브가에게 주신 응답 속에서 손쉽게 그 쌍둥이의 미래에 관한 예언을 유추해 낼 수 있다. 구체적으로, 저 족속보다 강해질 이 족속은 이스라엘이며, 어린 자 즉 야곱을 섬기게 될 이는 큰 자 즉 에서라는 점을 손쉽게 추론해 낼 수 있다. 그러나 앞에서 언급한 바와 같이 이 말씀의 핵심 내용은 '쌍동이 잉태'이지, '그 쌍동이의 미래사'가 아니다. 히브리어 원문[24]을 참조할 때 그와 같은 점은 보다 명확하게 드러난다.

두 국민(שְׁנֵי גֹיִים [쉬네이 고임])이 네 태중에 있구나

두 민족(שְׁנֵי לְאֻמִּים [쉬네이 레우밈])이 네 복중에서부터 나누이리라

이 족속(לְאֹם [레옴])이 저 족속(לְאֹם [레옴])보다 강하겠고

큰 자(רַב [라브])가 어린 자(צָעִיר [짜이르])를 섬기리라

위에서 볼 수 있듯이 하나님의 말씀은 네 문장으로 구성되었다. 네 번째 문장을 제외하면 앞의 세 문장은 모두 쌍둥이를 뜻하는 명사들(두 국민, 두 민족, 족속)이 그 서두에 배치되어 있다. 첫째 문장은 동사가 사용되지 않은 명사문이기 때문에[25] 주어에 해당되는 '두 국민(שְׁנֵי גֹיִים [쉬네이 고임])'으로 시작될 수밖에 없으나, 동사가 사용된 둘째와 셋째 문장에서도 쌍둥이를 뜻하는 명사가 그 서두에 배치되었다. 이는 그 세 문장에서 쌍둥이 자체가 강조되고 있음을 뜻한다. 구약 성경에 사용된 히브리어는 동사 중심의 언어이다. 기본적인 단어의 의미는 동사에서 파생되는 경향을 보인다. 동사 중심의 언어라는 특징은 일반적으로 성경 히브리어 문장이 동사로 시작되는 현상으로 나타난다. 그 결과 성경 히브리어의 일반적 어순은 '동사-주어-목적어' 순이다. 그렇지만 강조하고자 하는 바는 자

---

24 히브리어 원문은 다음과 같다. שְׁנֵי גֹיִים בְּבִטְנֵךְ// וּשְׁנֵי לְאֻמִּים מִמֵּעַיִךְ יִפָּרֵדוּ// וּלְאֹם מִלְאֹם יֶאֱמָץ// וְרַב יַעֲבֹד צָעִיר

25 첫째 문장의 구성은 다음과 같다. שְׁנֵי גֹיִים {[쉬네이 고임], 두 국민= גֹּיִים([고임], 국민들)+ שְׁנַיִם([쉬나임], 둘)} + בְּבִטְנֵךְ {[베비트네크], 너의 배 속에= ךְ(소유격 어미, '너의')+ בֶּטֶן([베텐], '배')+ בְּ([베], 전치사 '~ 안에'} 즉 이 문장에는 동사가 사용되지 않았다.

유롭게 문장 처음에 올 수 있다. 즉 '주어-동사-목적어'의 어순도 가능하며, '목적어-동사-주어'의 어순도 가능하다. 이런 측면에서 위의 둘째와 셋째 문장이 모두 쌍둥이를 가리키는 명사로 시작된다는 점은 그 강조점이 어디에 있는지 가늠케 한다.

또한 외견상 이 세 문장들은 공통적으로 손위 혹은 손아래 쌍둥이를 특정하지 않는다는 특징을 보여준다. 우리말 성경 속 첫 두 문장은 더할 나위 없이 적절한 번역으로서, 원문 형태를 잘 살리고 있다. 그러나 동일한 점을 놓고 볼 때 셋째 문장의 번역은 만족스럽지 못하다. '이 족속'과 '저 족속'이란 번역은 우리말로서는 자연스럽지만, 그 원문에는 아무런 수식어 없이 민족을 뜻하는 'לְאֹם(레옴)'만이 사용되었기 때문이다. 이 문장을 직역하면, 어색하지만, "한 족속은 (다른) 한 족속보다 강하여질 것이다"이다. 이는 야곱과 에서의 미래의 갈등 관계, 그리고 야곱의 승리를 예시하는 것으로 보기 어렵다. 특정되지 않은 두 족속, 그것도 동일한 표현을 사용한 두 족속 중 어느 단어가 야곱 혹은 에서를 지칭하는지 결정하기 쉽지 않다. 오히려 이 구절을 쌍둥이라 할지라도 둘 중 하나는 보다 더 강해질 수 있으리라는 일반적인 서술로 보는 것이 논리적이다. 분명한 점은 이 네 문장으로 구성된 이 말씀 중 처음 세 문장은 쌍둥이의 미래가 아니라, 쌍둥이를 임신했다는 점에 집중하고 있다.

반면 "큰 자가 어린 자를 섬기리라"는 넷째 문장을 일견할 때 이 응답 전체를 야곱과 에서의 경쟁 속에서 야곱의 승리를 확정하거나 예견하는 예언이라고 볼 수도 있을 것이다. 그러나 이러한 해석은 신학적 문제의 소지를 안고 있다. 그 같은 해석은, 에서의 인생이 태어나기 전부터 하나님에 의해 패배자로 결정되었다는 숙명론적 인간관을 나타내기 때문이다. 성경이 제시하는 인간은 태어나기 전, 미리 결정된 운명대로 태어나 살다가 죽는 존재가 아니다. 성경 속 인간은 하나님 앞에서 선택하며, 결단하는 자유 의지를 지닌 존재이다. 그럼에도 불구하고 이 말씀을 야곱을 위한 예언으로 이해하려 한다면, 또 다른 문제를 해결해야 한다. 죽기 전 야곱이 아닌 장자 에서를 축복하려 했던 이삭의 시도는 정면으로 하나님의 계획에 역행한 셈이 된다. 문제는 성경 어디에서도 이삭이 에서를 축복하려 한 시도를 부정적으로 평가하거나 비판하지 않는다는 점에 있다. 이러한 점은 '큰 자가 어린 자를 섬기리라'를 미래에 대한 예언으로 볼 때에 풀기 어려운 난제로 남는다.

이러한 문제는 '쌍둥이들이 특정되지 않았다'는 점을 통해 해결될 수 있다. 위에서 인용된 원문 형태에서 확인할 수 있듯이, '큰 자(רַב [라브])'와 '어린 자(צָעִיר [짜이르])'라는 두 단어에는 어떠 수식도 덧붙여지지 않았다. 이 점은 중요하다. 만약 이 두 단어가 특정된 형태 즉 정관사의 수식을 받아서 '그 큰 자(הָרַב [하라브])'와 '그 어린 자(הַצָּעִיר [하짜이르])'와 같은 형태였다면, 일반적으로 주어와 목적어를 쉽게 구별할 수 있기 때문이다. 이 경우 목적어 앞에는 전치사(אֶת [에트])를 부가함으로써 주어와 목적어를 쉽게 구분할 수 있다.[26] 그러나 현재 형태의 본문은 정관사의 수식을 받지 않는 두 단어 '큰 자(רַב [라브])'와 '어린 자(צָעִיר [짜이르])'를 사용하기 때문에, 주어와 목적어 규명에 있어서 기본적으로 이 문장의 의미는 열린 상태로 남는다. 다시 말해서 현재 형태의 마지막 문장은 듣는 사람의 입장에 따라서 각각 다른 의미를 들려줄 수 있다. 왜냐하면 현재 형태

26 정관사 수식을 부가해 한글 성경 번역의 의미를 살린 문장은 다음과 같은 형태가 된다. 'וְהָרַב יַעֲבֹד אֶת הַצָּעִיר(그리고 그 큰 자는 그 작은 자를 섬기리라)' 이 경우 전치사 'אֶת [에트]' 다음에 오는 단어가 직접 목적어다. 만약 '큰 자'가 직접목적어라면 문장은 'וְאֶת הָרַב יַעֲבֹד הַצָּעִיר (그리고 그 큰 자를 그 작은 자가 섬기리라)'가 된다.

의 문장은 '큰 자'와 '어린 자' 중 무엇이 주어인지, 또한 무엇이 목적어인지 규정하지 않기 때문이다. 그러므로 이삭과 에서가 이 말씀을 기억했다면, 그들은 마지막 문장을 목적어를 강조한 의미인 '큰 자를 작은 자가 섬기기라!'로 이해했을 것이며, 리브가와 야곱은 한글 성경의 번역과 같이 '큰 자가 작은 자를 섬기리라!'로 기억하고, 받아들이려 했을 것이다.

하나님께서 리브가의 기도에 대해서 주신 응답은 쌍둥이 출산을 알려주시는 데 강조점이 있는 것이지, 그들의 미래의 삶을 규정하는 예언에 큰 비중을 둔 것이 아니다. 그럼에도 불구하고 그 마지막 문장을 예언으로 이해하려 했다면, 이는 듣는 자에 따라 달리 해석될 수 있는 열린 의미를 담은 말씀이다. 결국 이삭은 리브가에게 주어진 하나님의 말씀을 무시한 것은 결코 아니었다. 주어진 예언 말씀의 열린 특징에 비추어 볼 때 분명한 것은 이후의 삶 속에서 야곱은 그 말씀을 '큰 자가 작은 자를 섬기는' 예언으로 믿었으며, 그는 그 예언의 성취를 위한 삶을 살았다는 점이다. 에서 역시 그 말씀을 자신을 위한 예언, 즉 '큰 자를 작은 자가 섬기는' 예언으로 이해했으나, 그는 장자의 명분을 가볍게 여김으로 그 예언의 성취와는 무관한 삶을 살았던 것이다.

히브리어 돌아보기

וַתֹּאמֶר [바토메르]: 그리고 그녀가 말했다

וַתֵּלֶךְ [바텔레크]: 그리고 그녀가 갔다

אָמַר [아마르]: 그가 말했다

הָלַךְ [할라크]: 그가 갔다

שְׁנֵי גֹיִים [쉬네이 고임]: 두 국민들

שְׁנֵי לְאֻמִּים [쉬네이 레우밈]: 두 민족들

לְאֹם [레옴]: 민족, 족속

רַב [라브]: 큰; הָרַב [하라브]: 그 큰 자

צָעִיר [짜이르]: 젊은, 작은; הַצָּעִיר [하짜이르]: 그 젊은 자, 그 작은 자

בֶּטֶן [베텐]: 배

בְּ [베]: ~ 안에

יַעֲבֹד [야아보드]: 그가 섬길 것이다

8장 |

군대 이야기로 수렴하는 남성들의 대화와 관련하여!

성경 속에 등장하는 수많은 신앙의 모델들은 여러 가지 직함을 가지고 있다. 예언자라는 직함을 지닌 이들은 하나님의 특별한 소명과 영성을 바탕으로 하나님의 뜻을 선포하고, 이스라엘 백성들에게 희망 또는 심판의 메시지를 선포하였다. 제사장이란 직함을 지닌 이들은 성전과 예배 그리고 성결한 삶에 관한 전문적 지식과 기술을 가지고 이스라엘 백성을 이끌었다. 사사와 왕과 같은 직함을 지녔던 이들 중 신앙의 귀감으로 평가될 수 있는 이들은 특별히 정치적 영역에서 하나님의 뜻에 따라 이스라엘을 이끌었다. 특정한 직함은 특별한 영역 속에서 필요한 기능과 지식, 영성 활동 방식과 축적된 경험을 전제하는 법이다.

반면 성경 속에서 특정한 영역을 넘어 여러 분야에서 공통적으로 사용되는 직함이 적지 않은 인물들에게 사용되기도 한다. '수종드는 자'라는 표현은 그러한 유형에 속한 대표적 직함이다. 예를 들면, '수종들다'는 직무는 여호수아와 같이 스승(출 33:11; 수 1:1; 왕상 19:21)이나 왕족(대상 27:32) 또는 고위 관료(왕하 5:2)를 위해 행하는 시중을 지칭하기도 하며, 회막이나 성전의 직무를 행하는 공적이고 종교적인 직무(대상 23:32; 대하

29:11; 31:16; 겔 43:19; 44:14; 욜 1:9 등), 제사장을 돕는 레위인의 직무(대하 8:14; 23:6), 제사장의 직무(겔 40:46; 42:14; 44:15; 45:4; 욜 1:13 등) 나아가 하나님을 뜻을 이행하는 천사들의 직무(시 103:21)를 표현하기 위해 사용되었다. 심지어 우상 숭배 행위조차 수종드는 행위로 표현되었다(겔 44:12).

이러한 예들이 제시하듯이 개인적 영역, 공적인 영역, 종교적 영역 등 다양한 영역에서 '수종드는 자'라는 직함이나 '수종들다'는 동사가 사용되는 이유 중 한 가지는 한글 성경의 번역에서 기인하였다. '수종들다'는 동사나 '수종'에 해당하는 명사 내지 '수종자'로 번역된 단어가 원어상으로 하나의 단어가 아니기 때문이다. '수종'으로 번역된 주요 명사로는 '아보다(עֲבוֹדָה)'와 '미쉬메레트(מִשְׁמֶרֶת)'가 있으며, '수종들다'로 번역된 대표적 동사로는 '쉐레트(שֵׁרֵת)'가 있다.

이 가운데 '수종'으로 번역된 명사 '아보다(עֲבוֹדָה)'는 '경작하다', '일하다'를 기본 의미로 하는 동사 '아바드(עָבַד)'에서 파생되었다. 이 동사의 의미는 확장되어서 '누군가를 위해서 일하다' '섬기다'를 뜻하게 된다. 그 같은 의미의 변화는 성경 본문에서 어렵지 않게 확인할 수 있다. 일례로 가인의 직업인 '농사하는 자(עֹבֵד אֲדָמָה [오베드[27] 아다마])'는 '땅을 '경작하는 자' 하는 자로 직역된다. 동생 아벨을 살해한 후 가인은 밭을 갈아도(עָבַד [아바드]) 그 효력을 누릴 수 없는 형벌을 받게 된다. 이같이 땅을 목적어로 할 경우 이 동사 '아바드(עָבַד)'는 '경작하다'를 의미하는 반면, 목적어가 하나님이 될 경우 그 의미는 '봉사하다' '섬기다'로 변화하게 된다. 일례로 하나님은 모세에게 출애굽 후 이스라엘 백성이 하나님의 산에서 하나님을

27 동사 עָבַד [아바드]'는 완료형인 반면, 'עֹבֵד [오베드]'는 분사형으로서 '경작하는 자'를 뜻한다.

섬기리라(עָבַד [아바드])고 말씀하셨다(출 3:12).

'수종'으로 번역된 명사 '아보다(עֲבוֹדָה)'는 명확하게 이러한 두 가지 의미를 반영한다. 이스라엘 백성을 보내라는 모세와 아론의 요구를 듣고, 바로는 오히려 그들을 더욱 가혹하게 대한다. "너희는 짚을 찾을 곳으로 가서 주우라 그러나 너희 일(עֲבוֹדָה)은 조금도 감하지 아니하리라"(출 5:11) 동시에 이 명사는 성전에서 하나님을 섬기기 위한 모든 일을 가리키는 데에도 사용된다. "또 제사장과 레위 사람의 반열과 여호와의 성전에서 섬기는 모든 일(עֲבוֹדָה)과 여호와의 성전을 섬기는 데(עֲבוֹדָה)에 쓰는 모든 그릇의 양식을 설명하고"(대상 28:13). '수종'으로 번역된 명사 '아보다(עֲבוֹדָה)'가 구약성경에서 이 같은 의미로 사용되었다는 점은 그 명사가 세속적 영역과 종교적 영역을 아우르며 폭넓게 사용되었음을 뜻한다. 이런 점에서 '아보다(עֲבוֹדָה)'가 가리키는 바 '수종'은 특정 분야에서 수행되어야 할 다양한 일을 가리키는 단어라 하겠다.

'수종'으로 번역된 또 다른 히브리어 '미쉬메레트(מִשְׁמֶרֶת)' 역시 '지키다'를 기본 의미로 하는 동사 '샤마르(שָׁמַר)'에서 파생하였다. 그 결과 '미쉬메레트(מִשְׁמֶרֶת)'는 한편으로 보관되거나 보호되어야 할 물건들을 지칭하며, 나아가 의무 사항을 뜻하게 된다. 구체적으로 유월절 의식을 위해 첫 번째 달 열나흗날까지 안전하게 보호되어야 할 어린 양(출 12:6), 거제물 가운데 제사장의 몫으로 규정된 몫(민 18:8), 또한 부정을 씻는 물을 만들기 위해 진영 밖 정한 곳에 보관되어야 하는 암송아지의 재(민 19:9) 등이 '미쉬메레트(מִשְׁמֶרֶת)'로 규정되었다. 이 단어가 지닌 '수종'의 의미를 보다 적절하게 제시하는 용례는 신명기 11장 1절의 본문이다. "그런즉 네 하나님 여호와를 사랑하여 그가 주신 책무(מִשְׁמֶרֶת)와 법도와 규례와 명령을 항상 지키라" 이러한 본문이 제시하듯 앞의 '아보다(עֲבוֹדָה)'와 비교할 때, '미쉬메레트(מִשְׁמֶרֶת)'가 말하는 수종은 종교적 영역과 보다 긴밀한 관계를 맺고 있으며, 하나님께서 규정하신 책임과 의무를 준수하고 지키는 행동을 뜻한다.

이상의 두 명사와 더불어 구약 성경에서 '수종'의 뜻으로 사용되는 대표적 동사가 '쉐레트(שֵׁרֵת)'이다. 구약 성경 속에서 이 단어는 동사로서 '수종 드는 행위'를 표현하기도 하며, 분사로서 '수종 드는 자'를 묘사하기도 한다. 이 동사는 앞에서 살펴본 명사 '아보다(עֲבוֹדָה)'와 유사하게 세속적 영역과 종교적 영역을 아우르며 폭넓게 사용된다. 바로의 친위대장 보디발은 요셉에게 자신의 집에 있는 옥에 갇힌 두 관원장을 수종 들게(שֵׁרֵת [쉐레트]) 하였다(창 40:4). 엘리사는 스승 엘리야를 따르며 수종 들었으며(שֵׁרֵת, 왕상 19:21), 아람 사람에게 붙잡힌 이스라엘 소녀는 아람의 장수 나아만의 아내에게 수종들었다(שֵׁרֵת, 왕하 5:2). 동시에 이 동사는 종교적 영역 특히 제의의 영역에서 레위인들과 제사장들의 직무를 표현하기 위해서 자주 사용되었다. 레위인들은 제사장들을 수종 들었으며(שֵׁרֵת, 대하 8:14), 하나님을 섬기는(שֵׁרֵת [쉐레트]) 제사장의 직무는 이 동사를 사용해 표현되었다(대하 13:10; 29:11; 겔 40:46; 42:14). 심지어 천사들 역시 하나님께 수종 드는 자로 묘사되었다(시 103:21). 이 동사가 제사장이나 레위인의 직무와 관련해 '수종들다'는 의미로 사용될 때 그 행위는 성소 안에서 직접 수행되는 의무 사항을 뜻한다.

이같이 한글 성경에서 '수종'으로 번역된 히브리어 가운데 앞에서 언급되지 않는 독특한 단어를 사용하는 사례가 있다. 이는 '회막에서 수종 드는 여인들'이라는 표현이다. 일찍이 브살렐은 회막 문에서 수종 드는 여인들이 바친 놋거울로 회막의 물두멍과 받침을 만들었다(출 38:8). 동일한 표현이 한 차례 더 사무엘상 2장 22절에 등장한다. 이 본문 자체는 늙은 엘리 제사장의 아들들이 자행한 악행을 언급하고 있다. 그의 아들들은 회막 문에서 수종 드는 여인들을 범한 것이다. 이 악명 높은 사건은 결국 엘리 가문의 멸망, 그리고 그에 대비되는 사무엘의 성장으로 이어지기 위한 중단 단계이기도 하다. 출애굽기 38장 8절과 달리 사무엘상 2장 22절 속 수종 드는 여인들은 성범죄의 피해자로 언급되기 때문에 사실상 주도적인 등장인물로 소개되는 것은 아니다.

그럼에도 불구하고 '수종 드는 여인'이란 표현을 살펴볼 필요가 있는 것은 그 표현이 지닌 특별한 의미 때문이다. 앞에서 살펴본 '수종'과 관련된 히브리어를 떠올린다면, '수종 드는 여인들' 역시 히브리어로는 동사 쉐레트(שֵׁרֵת)의 분사형 '메샤레토트(מְשָׁרְתוֹת)'[28]로 묘사되지 않을까 예상해 볼 수 있을 것이다. 그러나 그 같은 형태는 구약 성경에서 전혀 사용되지 않았다. 대신 회막에서 수종 드는 여인을 언급하는 위의 두 본문은 모두 '쪼브오트(צֹבְאֹת)'라는 표현을 사용한다. 이 표현은 '짜바(צָבָא)'라는 동사의 분사형이다. 흥미롭게도 이 동사는 세속 영역에서는 남성들이 주어가 될 경우 '출전하다'(민 31:42), 전쟁에서 적군에 '대항해 싸우다'(민 31:7; 사 29:7; 슥 14:12 등)라는 의미로 사용된다. 또한 이 단어는 동사 형태 그대로 군 복무(민 1:3; 31:3), 군대(민 2:8; 31:21)를 뜻하는 명사로 사용되기도 한다. 또한 '만군의 여호와,' 즉 무수한 천군을 거느리신 여호와를 표현할 때에도 이 단어가 사용된다.

독특하게도 민수기 4장 23절에서 회막에서 봉사하는 레위인들의 직무

---

28 구약 성경에서 피엘(Piʿel) 동사로만 사용되는 동사 쉐레트(שֵׁרֵת)는 그 분사형을 통해서 '수종 드는 자'라는 명사를 형성한다. 남성 단수형은 'מְשָׁרֵת [메샤레트]', 여성 단수형은 'מְשָׁרַת ([메샤라트], cf. 왕상 1:15의 수넴 여인 아비삭의 시중을 지칭)', 남성 복수형은 'מְשָׁרְתִים [메샤레팀]'이며, 여성 복수형 'מְשָׁרְתוֹת [메샤레토트]'은 구약 성경에는 나타나지 않는다.

를 가리켜 '복무'라는 군대 용어를 사용하고 있다. 원어 상으로 그 단어는 '당번을 담당하다'를 뜻하는 동사 '짜바(צָבָא)'와 군대를 뜻하는 명사 '짜바(צָבָא)'로 구성되었다(cf. 민 8:24). 이러한 용례들은 성막에서 수행되는 봉사와 수종을, 생명의 위협을 무릅 쓰고 전장에 나아가 싸우는 행위라는 동사 'צבא [짜바]'의 기본 의미에 비유하고 있음을 보여준다. 주목해야 할 점은, 하나님의 말씀이 회막에서 수종 드는 여인을, 일반적으로 널리 사용되는 동사 쉐레트(שֵׁרֵת)의 분사형이 아니라, 일반적으로 군복무를 지칭하는 '쪼브오트(צֹבְאֹת)'로 표현한다는 사실이다. 그 표현의 정확한 의미는 '회막 문에서 당번이 되어 봉사하는'이나 그럼에도 불구하고 '쪼브오트(צֹבְאֹת)'란 표현은 커다란 감동으로 다가왔다. 하나님의 기준에서 볼 때, 성전에 나아와 봉사하는 여인들의 그 모습은 전쟁에서 생명을 걸고 싸우는 군인들의 고귀한 헌신만큼이나 소중하고 귀한 것이 아닌가? 흔히 한국 남성들의 대화는 군대 이야기로 수렴된다고 한다. 청춘의 소중한 시간을 국가를 위해 헌신하며, 참으로 어렵고 힘든 훈련과 복무 과정을 이겨냈다는 자부심이 남성들의 대화를 군대 이야기로 이끄는 동기라 할 수 있을 것이다. 분명한 점은, 구약 성경 속 수종 드는 여인이란 히브리어 표현은 성전을 위해 봉사하는 여성들의 헌신이 남성의 군 복무만큼이나 값지고 자랑스러우며, 소중한 헌신임을 증거한다는 사실이다.

히브리어 돌아보기

עֲבוֹדָה [아보다]: 일, 수종, 예배

מִשְׁמֶרֶת [미쉬메레트]: 수종, 지켜야 할 것, 책무

שֵׁרֵת [쉐레트]: 그가 봉사하다, 그가 수종들다

עָבַד [아바드]: 그가 경작했다. 그가 일했다, 그가 섬겼다

עֹבֵד אֲדָמָה [오베드 아다마]: 땅을 경작하는 자(남성 단수)

שָׁמַר [샤마르]: 그가 지켰다

מְשָׁרֵת [메샤레트]: 수종 드는(남성 단수형)

מְשָׁרַת [메샤라트]: 수종 드는(여성 단수형)

מְשָׁרְתִים [메샤레팀]: 수종 드는(남성 복수형)

מְשָׁרְתוֹת [메샤레토트]: 수종 드는(여성 복수형)

צְבָאֹת [쪼브오트]: 수종 드는(여성 복수형)

צָבָא [짜바]: 그가 출전했다, 군대

9장 |

바벨탑과 바벨론[29]

성경의 첫 번째 책 창세기는 천지창조부터 이스라엘의 선조들의 역사로 이어지는 광대한 시공간을 배경으로 한다. 그로 인해 이 첫 번째 성경의 내용은 세계사적 지평에서 진행된 '원 역사'(창 1~11장)와 그 이후의 이스라엘의 선조들에 관한 이야기 즉 선택받은 가족들의 역사(창 12~50장)로 구분되어 왔다. 이 두 역사를 연결하는 교량적 역할을 하는 사건이 바로 바벨탑 이야기(창 11:1~9)이다. 이 때문에 바벨탑 이야기는 한편으로는 원 역사의 결론으로서 기능하며, 다른 한편으로는 선택받은 가족들의 역사의 도입으로서 기능한다.

바벨탑 이야기는 원 역사의 결론적 사건으로서 인류의 역사 속에 반복해서 나타나는 대표적인 두 가지 현상을 명확히 제시한다. 첫째는 시간의 흐름과 함께 인류의 문화가 발전을 거듭하였다는 점이다. 특히 과학 분야에서 인류가 거둔 발전은 괄목할 만하다. 간단한 도구에서 시작하여 인간

29 본 장은 저자의 『테마별 성경 읽기』(서울: 블레싱 옥토, 2012) pp. 86-93에 수록된 "네 번째 관계 단절: 바벨탑 건축"을 수정·보완한 것임을 밝힌다.

처럼 사고할 수 있는 인공 지능에 이르기까지 그 발전의 폭은 실로 엄청나다. 현재에 이르러 기술과 과학의 발전은 과거 그 어느 시대에도 경험하지 못했던 편의를 인류에게 제공하고 있다. 그러나 놀랍게 발전한 기술은 인류에게 또 다른 공포를 안겨 주기도 한다. 그것이 둘째로 원 역사의 마지막 사건이 우리에게 제시하는 바이다. 과학과 기술의 발전은 역으로 단시간에 더 많은 사람들을 죽일 수 있는 가공할 위력을 지닌 무기들을 만들어냈으며, 과거에 그 유례를 찾아볼 수 없는 편의를 누리고 있음에도 불구하고, 세계에는 여전히 전쟁과 기아, 질병, 무엇보다 차별이 존재한다. 과학과 기술은 발전했지만, 그 발전에 비례해 인류의 본성과 도덕적 품성, 사랑과 섬김의 수준이 그만큼 발전했다고 할 수 있는가? 오히려 수많은 발전에도 불구하고, 과거 역사 속 인간의 본성으로 인해 발생했던 유사한 사건들이 반복되고 있는 것은 아닌가? 창세기의 원 역사 마지막을 장식하는 바벨탑 사건 역시 이처럼 인류 역사 속에서 반복된 인간의 본성을 상징적으로 제시한다.

세상을 휩쓸었던 대 홍수 후 노아의 후손들은 새로운 인류를 형성하였다. 동일한 언어를 사용했던 그들은 삶의 터전을 찾아 동쪽으로 이동하던 중 시날 평지에 도착하였다. 시날 평지는 메소포타미아의 남부 지역으로서, 티그리스와 유프라테스 두 강 사이의 비옥한 평야 지대였고, 현대 이라크의 바그다드 남쪽 지역에 해당한다. 홍수 이후의 새로운 인류가 새로운 정착지에서 새로운 출발을 한 셈이다. 그러나 에덴동산에서 창조주 하나님과 같이 되려는 욕망으로 인해 불순종 가운데 잘못된 길로 나아갔던 최초의 인류 아담과 하와와 유사하게, 홍수 이후의 이 새로운 출발 역시 동일한 욕망으로 점철된다. 역사는 반복되는 것이다.

시날 평지에 정착한 그들은 한층 더 발전된 문명을 이루었다. 이 문명은 일차적으로 자연의 한계를 극복하려는 노력이 그 기초를 이루었다. 규칙적 범람을 특징으로 하는 나일강이 이집트 농업의 기반이 되고, 이집트 문명의 기초를 형성했던 것과 달리, 시날 평지 즉 메소포타미아의 젖줄이었던 티그리스와 유프라테스 두 강의 범람은 예측이 힘들었을 뿐만 아니라 범람 규모도 매년 달랐다. 그 두 범람은 자연재해 자체였다. 이 재해를 극복하기 위해서 수로와 제방 건설은 필수였다.

또 성경 속 시날 평지[30]라는 명칭이 제시하듯이 이 지역은 평평한 평원 지대였다. 고대 메소포타미아인들에게 하늘은 신들이 거하는 영역으로 생각되었다. 이로 인해 이 지역에서는 신들의 세계에 보다 가깝게 다가가려는 염원 가운데 일찍부터 인공적으로 산 모양의 건축물을 만들었다. 이 건축물이 지구라트(ziggurat)이다. 지구라트는 이집트의 피라미드 건축 양식을 차용한 것이기는 했지만, 왕의 무덤은 아니었다. 그 인공 구조물의 정상에 건설된 신전을 떠받치는 받침대 기능을 한 것이 지구라트였다. 지구라트는 흙벽돌로 건축되었으며, 벽돌의 강도를 높이기 위해서 역청을 벽돌 사이에 깔았고, 때로 갈대로 엮은 매트리스를 일정 간격으로 벽돌 사이에 끼워 넣기도 했다.[31]

고고학 발굴 결과 밝혀진 지구라트 건축 양식은, 창세기가 소개하고 있는 대홍수 후 시날 평지에 정착했던 신인류가 사용한 건축 양식과 일치한다.

---

30 시날 평지로 번역된 원문은 '시날 땅 안에 있는 평지(בִקְעָה בְּאֶרֶץ שִׁנְעָר [비크아 베에레쯔 쉰아르])'로 직역된다. 평지로 번역된 '비크아(בִקְעָה)'는 엄밀하게는 계곡을 뜻하나 완만한 경사를 그 특징으로 하는 곡저평야(谷底平野, valley-plain)이다. 그 지리적 특징으로 인해 '비크아(בִקְעָה)'는 골짜기로 번역되었으나 실제로는 평야나 평지의 의미를 지녔다. 예를 들면 여리고 골짜기(בִּקְעַת יְרֵחוֹ [비크아트 예라호], 신 34:3), 레바논 골짜기(בִּקְעַת הַלְּבָנוֹן [비크아트 할레바논], 수 11:17; 12:7), 므깃도 골짜기(בִּקְעַת מְגִדּוֹן [비크아트 므기돈], 슥 12:11; 대하 35:22)와 같은 경우이다.

31 김성,『김성 교수의 성경고고학 이야기』(서울: 동방 미디어, 2002), pp. 39-42.

"자 벽돌을 만들어 견고히 굽자 하고 이에 벽돌로 돌을 대신하며 역청으로 진흙을 대신하고 또 말하되 자 성읍과 탑을 건설하여 그 탑 꼭대기를 하늘에 닿게 하여 우리 이름을 내고 온 지면에 흩어짐을 면하자"(창 11:3~4)

석재 대신 구운 벽돌을 사용하고, 그 강도를 높이기 위해 역청을 진흙 대신 사용한 것은 건축 기술의 발전, 나아가 과학 기술의 발전이 있었음을 의미한다. 또한 성읍이 건축되었다는 점은, 정치와 행정 역시 발전했음을 시사한다. 더욱이 자신들이 시날 평지에 세우고자 하는 탑의 꼭대기가 하늘에 닿게 하자는 신인류의 결의는 과학 기술의 무한한 발전 가능성을 상징한다.

성경은 과학 기술의 발전을 부정적으로 묘사하지 않는다. 그러나 기술과 과학의 발전과 함께 인류가 대홍수 이후에도 여전히 마음에 품고 있었던 욕망을 정확하게 묘사한다. 시날 평지에서 성읍과 탑을 건축하자는 신인류의 결의는 최종적으로 과거 여러 차례 재현되었던 전철을 반복한다. 자신들이 건설하게 될 탑의 꼭대기를 하늘에 닿게 하여 '우리' 즉 '인간의 이름'을 내자는 결의가 성읍과 탑을 쌓는 주요 목적으로 선포된 것이다. 이 결의가 드러내는 주제는, 피조물인 인간이 창조주의 영역에 도달하려는 욕망이다. 탑의 끝을 하늘에 닿게 함으로써, 창조주의 영역에 도달하고, 자신들의 이름을 내자는 시도는 선악과를 따 먹고 하나님처럼 되고자 아담과 하와이 품었던 욕망과 다르지 않다.

창세기 본문은 이러한 욕망에 기초한 그 사람들의 계획이 정확하게 하나님의 뜻과는 정반대 방향을 향하고 있음을 보여준다. 새로운 인류가 시날 평지에서 건축한 탑에 관한 성경의 본문 가운데 전반부(1~4절)와 후반부(5~9절)는 사람의 행동과 하나님의 행동을 다음과 같이 대조적으로

묘사한다.[32]

A. 1절: 온 땅의 언어가 하나요 말이 하나였더라
B. 3, 4절: 자 우리가 ~하자
C. 4절: 우리가 건설하자!
D. 4절: 우리 이름을 내고
E. 4절: 온 지면에 흩어짐을 면하자
A'. 6절: 여호와께서 이르시되 이 무리가 한 족속이요 언어도 하나이므로 이 같이 시작하였으니
B'. 7절: 자 우리가 ~하자
C'. 8절: 그들이 건설하기를 그쳤더라
D'. 9절: 그 이름을 바벨이라 하니
E'. 9절: 거기서 그들을 온 지면에 흩으셨으므로

바벨탑 이야기는 인류의 언어가 하나였음을 언급하며 시작된다(1절). 한 언어를 사용하는 신인류는 함께 시날 평지로 이주했고, 그곳에 도시와 탑을 건축하는 데 뜻을 모았다. 그리고 창조주의 영역에 대한 도전하며 하나님처럼 되고자 하는 욕망에 있어서도 한마음이 되었다. 반복해 나타나는 '우리가 ~하자'는 표현은 하나의 목적으로 나아가는, 당시 사람들의 모습을 묘사한다(3~4절). 이는 창조주 하나님의 뜻과는 반대되는 방향으로 나아가고자 하는 모습이었다. 일찍이 사람을 창조하신 하나님은 사람에게 복을 주셨는데, 그 복이 생육하고, 번성하며, 땅에 충만하고, 땅을 정복하

32 D.W. Cotter, *Genesis, Berit Olam: Studies in Hebrew Narrative & Poetry*, (Collegeville: The Liturgical Press, 2003) p. 69

고 모든 생물을 다스리라는 내용으로 구성되었기 때문이다. 즉 인류의 번성과 온 세계로 흩어짐은 하나님의 복을 이루는 주요 요소였다. 그러나 홍수 후의 새로운 인류는 이와는 반대쪽을 향해 나아가고 있다.

그 반대 방향을 향한 인류의 태도는 바벨탑 이야기가 진행되면서, 문학적 장치인 각 항목의 대조와 반복을 통해 명확하게 표현된다. 그 가운데 신인류가 동일한 언어를 사용한 것이 오히려 인류의 번성을 가로막는 원인 중 하나였다. "이 무리가 한 족속이고 언어도 하나이기에 이러한 일을 시작하였다"(6절)라고 하나님이 판단하기 때문이다. 그 결과 이 이야기는 하나의 언어가 수많은 언어로 변화하게 되는 결말을 보여준다. '자 우리가 벽돌을 굽자!'와 '우리 이름을 내자!' 같은 인간의 결단(3~4절)은 '우리가 내려가자!'와 '우리가 그들의 언어를 혼잡하게 하자!'는 하나님의 결단(7절)과 대조를 이루면서 하나님께서 제시하신 복과 번영과는 반대 방향으로 나아가는 인류의 모습을 강조한다. 하늘에 닿고자 했던 탑의 건설은, 다양하게 분화된 언어들로 인한 의사소통의 어려움으로 인해 결국 중단된다. 자신들의 이름을 하늘 위에 내려던 인간의 시도는 단지 '바벨'이란 이름만을 남겼을 뿐이다. 그리고 온 세계로 흩어지지 않겠다던 신인류는 이제 세계 각처로 흩어지게 된다.

이 과정에서 그 탑에 붙여진 '바벨'이란 이름에 성경은 흥미로운 재해석을 더한다. 바벨은 고대 메소포타미아에서 사용된 아카드(Akkad)어 '밥-일루(*bab-ilu*)'를 히브리어로 음역한 단어이다. 아카드어 '밥-일루(*bab-ilu*)'는 '신들의 문'을 의미한다. 그러나 창세기의 바벨탑 이야기에서 이 '밥-일루'라는 단어는 히브리어 동사 '발랄(בָּלַל)'을 사용해 새롭게 해석된다. 히브리어 동사 '발랄'은 '뒤섞다' '혼잡하게 하다'는 뜻을 지녔다. 하늘에 닿을 정도의 거대한 탑을 건축하고, 이름을 내려는 인류의 욕망에 대해, 하나님은 그들의 언어를 혼잡하게(בָּלַל) 하셨고, 그 결과 인류는 회복할 수 없는 극단적 관계의 단절 곧 언어의 장벽을 마주하게 된 것이다. 즉 바벨이란 돌이킬 수 없을 정도로 심화된 인간과 인간의 관계 단절을 상징하는 비극적 이름이다. 동시에 하나님의 위치에 서고자 했던 인간의 욕망을 상기시키는 이름이기도 하다.

흥미로운 사실 한 가지는 그 탑의 비극적 이름 바벨(בָּבֶל)과 인류의 언어를 혼잡하게 하신 하나님의 행동을 나타내는 동사 발랄(בָּלַל)이 얼핏 유사해 보이나, 엄밀히 말해서 동일한 형태는 아니라는 점이다. 하나님이 온 땅의 언어를 혼잡하게 하셨다는 사실을 담은 이름이라면, 그 건축물의 이름은 '바벨'이 아니라 '발랄'이 되었어야 했다. 이 이야기를 기록한 성경 기자가 그 같은 점을 이해하지 못했을 리 없다. 그럼에도 불구하고 '바벨'이라는 지명이 고수되는 이유는 무엇일까? 이와 관련해 제시되는 설명 하나는, 구약 성경이 종종 정확한 어원을 토대로 한 설명이 아니라 유사한 소리가 나는 비슷한 단어의 의미를 토대로 한 해석을 제시한다는 점이다. 아들을 뜻하는 고대 이집트어 모세(*mose*)를 물에서 건지는 행동을 묘사하는 히브리어 '마샤(מָשָׁה)에' 비추어 해석한 것이 그 한 예이다.[33] 이러한 해석은 다른 한편으로 언어의 혼란을 그 결론으로 하는 바벨탑 이야기의 맥락에 생동감을 부여한다. 즉 본문 속에서 '바벨'과 '발랄'의 혼동은 언어의 변화로 인한 의사 소통상 문제의 실제적인 예로 이해될 수 있기 때문이다. 바벨탑에서 비롯된 소통의 장애와 그로 인한 혼돈은 그 사건을 기록하는 지금까지도 계속되고 있음을 본문은 여실히 보여주는 것이다.

이와 함께 바벨이라는 지명은 또 다른 측면에서 성경을 읽는 독자들에

---

33 이에 관해서는 본서 5장을 참조하라.

게 중요한 메시지를 제시한다. 그 메시지는 바벨이라는 지명과 바벨론이라는 국명이 히브리어로는 동일하게 바벨(בָּבֶל)이라는 점에서 비롯된다. 즉 바벨탑이라는 지명은 바벨론 탑으로도 이해할 수 있는 것이다. 이러한 점은 바벨탑이 하나님의 뜻에 역행하는 인간의 교만과 불신을 상징하듯이, 구약 성경에서 바벨론 역시 인간의 교만과 불신앙에 대한 상징이라는 점과 맥락을 같이 한다(사 14:13-15; 슥 5:5-11; cf. 계 18:4). 후에 바벨론 제국은 유다 왕국을 멸망시키고, 바벨론 포로 유배라는 커다란 고통을 초래할 정도로 압도적 권력을 지녔음을 이스라엘은 잊지 않았다. 그러나 바벨론이 아무리 거대한 힘과 부로 대제국을 건설했다 할지라도 그 힘과 부를 하나님의 뜻과 목적에 반하는 방향으로 사용될 때의 종말이 어떠할지를 같은 이름을 하고 있는 바벨탑 이야기를 통해 예시하는 것이다. 부와 권력, 진보한 과학과 기술이 하나님의 뜻에 반하여 사용할 때 그것은 번영을 보장하기는커녕, 오히려 하나님의 진노와 심판을 초래할 뿐이다.

편리와 안락을 추구하기 위해 시날 평지에 도시를 건축했던 인류는 자신들의 삶의 영역을 그 도시로 제한하려는 시도를 보였다. 드넓은 세상으로 나가는 대신 그들은 한 장소에 머무르려 하였다. 하늘의 영역을 추구하였지만, 그들 앞에 펼쳐진 새로운 세상을 향한 진출은 두려워하였다. 도시의 삶이 어떤지를 일률적으로 평가하기 쉽지 않겠지만, 성경이 증언하는 바로서의 대홍수 후의 최초 도시 문명은 진취적이고, 도전적인 삶의 태도의 소산은 아니었다. 더군다나 현대 도시의 삶이 그러하듯 도시란 자연의 세계로부터 유리된 인공적인 환경을 의미한다. 결국 창조주의 위치에 오르고자 쌓아 올렸던 바벨탑 건축은 다시금 하나님과의 관계의 단절, 인간과의 관계의 단절, 나아가 자연과의 관계 단절을 초래하였을 뿐이다.

결과적으로 바벨탑을 쌓았던 사람들이 사용했던 하나의 언어를 수많은 언어로 혼잡하게 하신 하나님의 개입은 의사소통의 커다란 장벽을 초래하였다. 그러나 역설적으로 그 언어의 혼잡은 시날 평지에 머무르고자 한 인류에게 더 넓은 세상으로 흩어지게 한 중요한 계기가 되었다. 언어를 혼잡하게 하신 하나님의 심판은 인류에게 새로운 삶의 영역으로 인도하는 은총의 고리이기도 했다.

히브리어 돌아보기

בִקְעָה בְּאֶרֶץ שִׁנְעָר [비크아 베에레쯔 쉰아르]: 시날 땅 안 평지

בִקְעָה [비크아]: 계곡, 평지

בִּקְעַת יְרֵחוֹ [비크아트 예레호]: 여리고 골짜기/평지

בִּקְעַת הַלְּבָנוֹן [비크아트 할레바논]: 레바논 골짜기/평지

בִּקְעַת מְגִדּוֹן [비크아트 므기돈]: 므깃도 골짜기/평지

בָּבֶל [바벨]: 바벨, 바벨론

בָּלַל [발랄]: 그가 혼잡하게 했다

מָשָׁה [마샤]: 그가 건졌다

10장 |

그의 이름이 나발이라!

"다윗이 우리 주인에게 문안하러 광야에서 전령들을 보냈거늘 주인이 그들을 모욕하였나이다 우리가 들에 있어 그들과 상종할 동안에 그 사람들이 우리를 매우 선대하였으므로 … 우리가 양을 지키는 동안에 그들이 … 밤낮 우리에게 담이 되었음이라"

이는 나발의 목자들이 아비가일에게 한 말이다. 목자들의 이 말은 사울 왕의 추격을 받는 중에도 다윗이 보인 행동을 통해 그의 됨됨이를 가늠하게 해 준다.

사울 왕이 공개적으로 다윗을 박해하고 그를 붙잡기 위해 추격하는 즈음에 이르자 다윗 주위로 자신의 형제들 외에, 압제를 받는 사람들과 빚에 시달리는 사람들 그리고 원통하고 억울한 일을 당한 사람들이 몰려들었다. 결국 다윗은 4백여 명에 이르는 무리의 우두머리가 되었다(삼하 22:2). 그러한 규모의 무리를 이끄는 지도자가 된다는 것은 두 가지 책임을 짊어진다는 것을 뜻했다. 한편으로 지도자는 무리의 필요로 하는 바를 마련하기 위한 수단을 준비해야 했고, 다른 한편으로 그 무리에게 정체성을 심어줄 수 있는 지도자의 비전을 제시해야 했다.

다윗은 그 두 가지 책임을 유능하게 이행했다. 앞에서 인용된 나발의 목자들이 한 말은 그 책임과 관련된 다윗의 행동을 짐작하게 해준다. 당시 다윗이 이끄는 무리들의 주요 구성원들은 단적으로 주류 사회에서 소외되거나 밀려난 인물들이었다. 다윗처럼 권력의 압제를 받았거나 경제적으로 빚 때문에 사회를 등졌던 이들, 그리고 억울하고 원통한 일을 당했기 때문에 가정과 사회를 떠난 이들은 쉽게 기존 사회에 대한 불만과 불평을 토대로 사회 질서를 위협하는 무법 집단으로 변할 수 있다. 그러나 나발의 목자들이 한 말에 따르면 다윗의 무리는 그 목자들이 들에서 양을 칠 때 매우 선대했고 마치 담처럼 목자들을 지켜주었다. 이 같은 행동은 다윗의 무리가 자칫 지탄의 대상으로 전락하는 것을 방지하는 동시에 대의를 위해 노력하는 공동체라는 정체성을 그 무리에게 부여할 수 있었다. 일찍이 엔게디 동굴 속에서 사울 왕을 죽이는 대신 그의 옷자락만 베었던 다윗의 행동(삼상 24:4~7)도 같은 맥락에서 이해된다. 사울 왕을 해하지 않는 다윗의 됨됨이는, 그를 따르는 무리에게 그들의 지도자가 어떤 성품을 지녔으며, 그를 따르는 자신들이 어떤 목적을 지닌 공동체가 될 것인가 숙고하게 하는 계기가 되었을 것은 자명하다.

또한 다윗과 그의 무리의 선한 행동에는 또 다른 의도가 있었음을 이해하기 어렵지 않다. 다윗은 양털을 깎는 나발에게 수하를 보내어 자기 무리를 위한 식량을 요청한다. 이때 다윗이 수하에게 한 말은 나발의 목자들이 아비가엘에게 한 말과 유사했다. "네 목자들이 우리와 함께 있었으나 우리가 그들을 해하지 아니하였고 그들이 갈멜에 있는 동안에 그들의 것을 하나도 잃지 아니하였나니, 네 소년들에게 물으면 그들이 네게 말하리라"(삼상 25:7~8). 다윗이 한 말과 나발의 목자들이 한 말을 비교해 보면 다윗 자신 보다, 나발의 목자들이 다윗 무리의 보호에 관해 더욱 적극적이며 우호적으로 말하고 있음을 알 수 있다. 이 같은 본문의 묘사는 다윗의 행동의 진정성을 강화해 준다. 동시에 이러한 다윗의 요청을 거부하며, 다윗의 부하들에게 화를 내며 소리치면서 다윗까지 조롱한 나발의 행동에 대한 부정적 평가를 강화해 준다.

자신과 자기 무리들의 선의가 조롱거리가 되자 다윗은 나발의 집에 복수하려 하였고, 이는 자신을 따르는 무리에게 새로운, 그것도 원대하고 선한 정체성을 제시하려는 다윗의 입장에서 당연한 결정이었을 것이다. 그러나 그 보복 행위는 다른 이들에게는 '무죄한 피를 흘리는 행위'로 비칠 수 있었다(삼상 25:31). 이는 후에 다윗과 그의 무리의 정체성에 문제를 제기할 소지로 작용할 수도 있었다.

이 시점에서 등장한 나발의 아내 아비가일은 다윗이 평정을 되찾을 수 있도록, 또한 보복 행위를 포기할 수 있는 명분을 제공해 주었다. 그녀는 급히 음식을 준비하고 다윗을 만나러 나아갔다. 다윗을 만나자 그녀는 다윗이 분노를 거두기를 요청하면서 다음과 같이 말한다.

"원하옵나니 내 주는 이 불량한 사람 나발을 개의치 마옵소서 그의 이름이 그에게 적당하니 그의 이름이 나발이라 그는 미련한 자니이다 여종은 내 주께서 보내신 소년들을 보지 못하였나이다"(삼상 25:25)

이같이 아비가일은 다윗의 수하들을 만나지 못한 것을 자신의 불찰로 돌리면서, 남편 나발을 개의치 말라는 요청을 한다. 그 요청 속에서 매우 당혹스러운 언어유희가 사용되고 있다. 먼저 아비가일은 자신의 남편을 '이 쓸모 없는 자(הַבְּלִיַּעַל הַזֶּה [하블리야알 하제])[34]'로 규정한다. 이 규정을

34 원문 'אִישׁ הַבְּלִיַּעַל הַזֶּה [이쉬 하블리야알 하제]'는 사람, 남자를 뜻하는 명사 '이쉬(אִישׁ)'와 쓸

뒷받침하기 위해서 아비가일은 남편 나발(נָבָל)이란 이름의 의미를 사용하는 언어유희를 보여준다. 한글 성경에서도 명확하게 번역되었듯이 그녀는 나발이란 이름을 두 차례 사용한다. 그런데 히브리어 원문을 살펴보면, 그녀는 나발을 연상시키는 명사를 한 차례 더 사용하고 있다. 그 언어유희의 특징을 살려서 위의 문장을 번역하면 다음과 같다.

"내 주는 이 쓸데없는 사람, 나발(נָבָל)을 개의치 마옵소서 그는 그의 이름(의 뜻)과 같은 자니 나발(נָבָל)이 그의 이름이라 미련함(נְבָלָה [네발라])이 그와 함께 있나이다"

이같이 동일한 어근(נבל)에서 유래한 이름과 명사를 총 세 차례 사용하는 것은 구약 성경 속에서 흔히 강조를 위한 표현 양식이다. 이러한 세 차례 반복을 통해서 아비가일이 단언하는 바는 나발이 미련하다는 점이다. 심지어 그 이름조차 '미련함'을 뜻한다고 주장하고 있다. 실제로 '나발'이라는 이름은 동일하게 발음되는 동사 '나발(נָבַל)'에서 유래한 명사이다. 구약 성경에서 이 동사는 크게 두 가지 의미로 사용된다. 첫 번째 의미는 '시들다' '마르다'이다. 예언자 예레미야는 거짓을 행하는 제사장과 선지자들에게 다음과 같이 하나님의 심판을 선포한다. "포도나무에 포도가 없을 것이며 무화과나무에 무화과가 없을 것이며 그 잎사귀가 마를 것이라(נָבֵל [나벨]) 내가 그들에게 준 것이 없어지리라"(렘 8:13) 시편에서는 여호와의 율법을 즐거워하며 묵상하는 이를 그 잎사귀가 마르지(נָבַל) 않는 시냇가에 심은 나무에 비유한다(시 1:2~3). 반면 불의를 행하는 자들은 푸른 채소처럼 시들(נָבַל) 것이다(시 37:1~2). 이 동사의 두 번째 의미는 '무익하다'

모없음, 사악함을 뜻하는 명사 '블리야알(בְּלִיַּעַל)'이 하나로 결합된 형태이다. 이처럼 두 명사가 결합해 하나의 단어로 사용되는 것을 연계형이라고 한다. 이 표현은 '이런 쓸모없는(또는 이런 사악함을 지닌) 그 사람'을 뜻한다.

'어리석다'이다. 아굴의 잠언 중에는 "만일 네가 미련하여(נָבַל) 스스로 높은 체하였거나 혹 악한 일을 도모하였거든 네 손으로 입을 막으라"라는 말씀이 나타난다. 이러한 두 가지 의미를 지녔으나 구약 성경 속 이 동사가 사용된 용례는 주로 첫 번째 의미에 해당된다. 그럼에도 불구하고 아비가일은 남편 이름 나발을 '미련함'과 관련 지었는데, 이는 당시 상황에 비추어 적절한 해석이었으며, 이를 통해 다윗 앞에 스스로를 낮춤으로써 다윗의 분노를 누그러뜨리는 데 성공했다.

결과적으로 준비한 음식을 가지고 다윗에게 나아갔던 아비가일의 행동은 소기의 목적을 거두었다. 남편 이름에 대한 해석에서 시작해 다윗을 진정시키려는 그녀의 노력이 결국 다윗의 발걸음을 돌리게 만들었던 것이다. 그러나 이 사건의 세부 사항을 살펴보는 해석자라면 '나발'이라는 이름이 의미하는 바 앞에서 당혹감을 느낄 수밖에 없을 것이다. 성경의 용례가 제시하듯이'나발'의 의미가 '시들다' '마르다' 또는 '무익하다' '어리석다'와 관련된 것이라면 도대체 그의 부모는 어떤 의도를 가지고 그러한 이름을 아들에게 붙인 것일까? 아니 그러한 이름을 붙여 줄 부모가 있을 수 있는가? 악한 자라 할지라도 자신의 자녀에게는 좋은 것으로 주려는 것이 일반적인 일임을 예수께서도 언급한 바 있지 않은가(마 7:9-11)?

당연히 이 문제점을 극복하기 위한 해법들이 제안되었다. 먼저 히브리어와 유사한 다른 셈어 중에서 동일한 어근을 한 단어들을 토대로 '나발'에 긍정적 의미를 부여하려는 시도가 이루어졌다. 예를 들어 아랍어 '나빌라(نبيلا)'의 경우 동일한 어근을 한 단어이면서 그 의미는 '고귀한'이다. 즉 아비가일의 남편 나발의 이름은 이러한 의미를 지녔을 것으로 추정된다.[35]

35 *HALOT, vol.1*, p. 663a.

그의 부모는 그 아들이 고귀한 삶을 살아가기를 소망하면서 '나발'이란 이름을 지어주었다는 것이다. 이러한 제안은 나발이란 이름이 지닌 기존의 부정적 의미를 일소할 수 있다는 점에서 앞에서 제기된 문제점을 어렵지 않게 해결하고자 한다. 그러나 구약 성경 어디에서도 어근 'נבל'이 '고귀한'이란 의미로 사용된 용례를 발견할 수 없다는 점은 커다란 약점으로 남는다. 이런 이유 때문에 나발이란 이름이 원래의 이름 형태를 파악할 수 없을 정도로 너무 오용된 별칭이라는 의견이 제시되었다.[36] 이 제안 역시 구체적으로 그 원래 형태와 의미를 설명하지 못한다는 약점을 지닌다.

이 같은 약점을 극복하는 동시에 '나발'의 원래 의미를 살리며 본문을 새롭게 해석할 수 있는 방식이 제기되었다. 이는 남편 이름에 대한 아비가일의 설명이 다윗의 노여움을 풀려는 의도에서 비롯된 회문(回文) 기법이라는 주장이다. 회문이란 제대로 읽거나 거꾸로 읽어도 다 말이 되게 쓴 문장이나 낱말, 숫자, 문자열 등을 뜻한다. 엄밀하게 회문은 바로 읽거나 거꾸로 읽어도 동일한 철자를 뜻하는 경우이나,[37] 본문에서 아비가일이 사용한 회문은 글자의 순서를 바꿈으로써, 그 의미에 변화를 주는 회문의 유형이다. 다시 말해서 아비가일의 남편의 이름은 '나발'을 구성하고 있는 세 자음 'נבל([눈] [베트] [라메드])'이 거꾸로 된 'לבן([라메드] [베트] [눈])'이었다는 것이다. 이 경우에 그 이름은 '라반(לָבָן)'이 된다. '라반'이라는 단어는 일반 명사나 형용사로 흰색을 뜻한다. 흰색은 고대 이스라엘 사람들에게 부를 상징하는 색깔이었다. 자연에서 순수한 백색의 염료를 얻는 것

---

36 *HALOT, vol.1*, pp. 663b-664a.

37 한글로는 기울기, 기중기, 기화기와 같은 단어들이나 '다시 합창합시다' '여보게 저기 저게 보여'와 같은 문장, 영어로는 eye, level, noon 등과 같은 단어들이나 'Was it a cat I saw?'와 같은 문장이 이에 해당된다. 히브리어의 경우 'אַבָּא([아바], 아빠)' 'הַלַּיְלָה([할라이라], 그 밤), 'שֶׁמֶשׁ([쉐메쉬], 태양)' 'אַבָּא בָּא([아바 바], 아빠가 왔다)'와 같은 경우라 할 수 있다.

은 쉽지 않은 일이었다. 그로 인해 희소한 석회를 발라 흰색으로 장식하는 것은 왕궁이나 회당같이 특별한 중요성을 지닌 건물들에 국한되었다. 그러므로 아들에게 '라반'이라는 이름을 붙인다는 것은, 그 아들의 피부가 희다는 점을 의미했을 수도 있으나 본질적으로는 흰색이 상징하는 삶, 즉 부유한 삶을 살아가기 원하는 부모의 바램을 의미했다. 추정하건데 아비가일의 시부모 역시 같은 바램을 가지고 그 아들에게 흰색을 뜻하는 '라반'이라는 이름을 붙였을 것이다. 즉 아비가일은 남편의 이름을 거꾸로 발음하는 기지를 발휘했던 것이다.

한편 고대 이스라엘 사람들은 '라반'이라는 이름으로 알려진 또 다른 인물을 잘 알고 있었다. 그는 이스라엘의 조상인 야곱의 외삼촌이자 장인이기도 했다. 그는 부유했으나, 자신의 조카이자 사위에게 속임수를 사용하는데 주저하지 않았다. 자신의 둘째 딸 라헬과 결혼하고자 하는 야곱을 속여서 첫째 딸 레아와도 결혼하게 함으로써, 무려 14년에 걸친 야곱의 노동을 결혼 지참금 명목으로 챙겼던 인물이 바로 그였다(창 29:18~30). 심지어 라반은 야곱의 품삯을 열 번이나 바꾸었다(창 31:7). 그의 두 딸 역시 아버지 라반에 대해 "우리를 팔고 우리의 돈을 다 먹어 버렸다"라고 불만을 토로하였다(창 31:15). 즉 라반은 돈 문제에 있어서는 사위나 딸들에게도 인색함을 여실히 드러낸 구두쇠와 같은 인물이었다. 더군다나 라반의 아들들은 '야곱이 우리 아버지의 소유를 다 빼앗고 우리 아버지의 소유로 말미암아 이 모든 재물을 모았다'고 공공연히 불평했던 것으로 보인다(창 31:1). 인색한 구두쇠 라반은 사위 야곱까지 속이며 자신의 부를 키우려 했으나, 그 결과는 정반대로 나타나고 말았다.

이러한 라반의 패배를 고대 이스라엘 사람들은 기억했다. 아비가일 역시 그중 한 명이었다. 남편의 무례가 낳을 수 있는 비극을 예상하면서, 그녀는 다윗 앞에서 남편의 이름을 거꾸로 말했던 것이다. 그는 현재 '부유한 자'이나 그 미래는 거꾸로 된 상태 곧 그 어리석음으로 인해 쇠퇴할 것이라는 해석과 더불어 말이다. 이는 한편으로 분노하고 있는 다윗에게 웃음을 줄 수 있었을 것이며, 다른 한편으로 라반의 삶과 같이 될 남편의 미래를 예견하는 동시에, 상대편인 다윗에게 자신의 미래를 바라보게 하는 기회로 작용했다. 이같이 '나발'이란 이름을 회문으로 볼 경우 그 부모의 아들 이름 작명으로 인한 문제점이 해결될 수 있다.

그렇다면 성경은 이러한 회문의 또 다른 예를 보여주는가? 그러한 예를 우리는 여호수아가 장사된 딤낫 세라라는 지명에서 발견할 수 있다. 딤낫 세라는 에브라임 산지 가아스산 북쪽이라고 성경은 묘사한다(수 24:30). 딤낫 세라는 여호수아가 성읍을 건설하고 거주한 그의 기업이었다(수 19:49~50). 그런데 이 동일한 지명이 사사기에서 딤낫 헤레스로 소개되고 있다(2:9). 이러한 차이점 역시 회문에서 기인한다. 세라와 헤레스는 우리말로는 매우 상이해 보이나, 히브리어로는 쉽게 설명된다. 헤레스(חֶרֶס)는 세라(סֶרַח [쎄라흐])를 거꾸로 쓴 형태이다. 이러한 거꾸로 쓰기를 한 이유는 헤레스(חֶרֶס)라는 단어에 있는 것 같다. 딤낫 헤레스는 '태양의 지역'을 뜻하기 때문이다. 여기서 태양은 신명으로 해석될 소지[38]가 있었던 것이다. 가나안 땅 정복을 완성한 여호와의 종 여호수아가 '태양신의 지역'을 뜻하는 '딤낫 헤레스'에 장사되었다는 사실을 신학적으로 고민했던 성경 기자는 회문에 착안해 '딤낫 세라'로 수정했을 가능성이 제기된다.

구약 성경은 또 다른 형태의 회문의 예도 보여준다. 예언자 예레미야는 하나님의 진노의 술잔을 예루살렘과 유다는 물론 모든 나라로 마시게 하

38 *HALOT, vol.2*, 1755a.

라는 하나님의 명령을 접하였다(렘 25:15). 그 진노의 술잔을 제일 먼저 마신 이들은 예루살렘과 유다 성읍들 그리고 그 왕들과 고관들이었다(렘 25:18). 그 결과 그들은 멸망했고, 비웃음과 저주의 대명사가 되었다. 그리고 그 진노의 술잔은 계속해서 이스라엘 주변의 국가들이 마시게 된다. 제일 먼저는 이집트의 왕 파라오와 그의 신하들과 그의 고관들과 그 모든 백성들이다(렘 25:19). 그리고 이집트 북쪽에 위치한 모든 나라들의 왕들이 그 잔을 마시게 된다(렘 25:20~25). 최종적으로 그 진노의 술잔을 마시는 인물은 '세삭의 왕'이라는 미지의 인물이다(렘 25:26). 이 세삭(שֵׁשַׁךְ [셰샤크])은 바벨론의 회문에 해당된다. 그러나 이 경우 회문은 단순히 거꾸로 읽기가 아니라, 히브리어의 철자의 순서를 거꾸로 한 형태이다. 다시 말해서 바벨론에 해당되는 히브리어 '바벨(בָּבֶל)'은 히브리어 철자 가운데 두 번째인 '베트(ב)'와 열두 번째인 '라메드(ל)'로 구성되었다. 예언자 예레미야는 바벨론의 최종적이고도 철저한 멸망을 예언하면서, 그 나라 이름을 회문으로 처리한 것이다. 즉 아래의 도식과 같이 원래의 철자를 끝으로부터 두 번째 철자인 '쉰(שׁ)'과 마찬가지로 끝으로부터 열두 번째인 '카프(כ)'로 치환함으로써 유다 멸망의 주역인 바벨론의 최종적인 멸망을 강조하고자 했던 것이다.

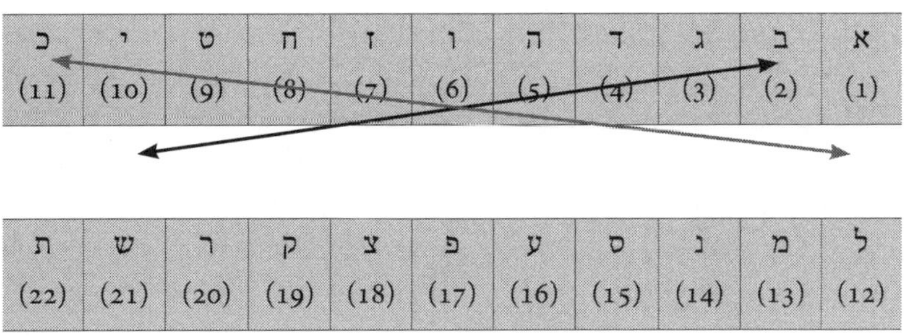

이러한 언어유희는 아비가일의 남편의 원래 이름이 '라반'이었을 가능성의 근거가 된다. 회문이라는 이 언어유희는 때로는 조롱을 위해, 때로는 신학적 이유로 인해, 때로는 분위기 전환을 위해 고대 이스라엘 사람들이 사용했던 것으로 보인다. 분노한 다윗 앞에서 남편의 이름을 가리켜, '그의 이름이 나발이라'고 했던 아비가일의 임기응변은 그녀의 침착함은 물론 그녀의 지혜를 돋보이게 하면서, 회문이란 언어유희에 익숙했던 고대 이스라엘 사람들, 특히 다윗에게 웃음과 함께 평정을 되찾게 하였다.

히브리어 돌아보기

הַבְּלִיַּעַל הַזֶּה [하블리야알 하제]: 이 쓸모없는 자

נָבָל [나발]: 나발/그가 시들다, 그가 마르다, 그가 미련하다, 그가 헛되다

נָבֵל [나벨]: 그가 시들다, 그가 썩다

נְבָלָה [네발라]: 미련함

לָבָן [라반]: 라반, 흰색, 흰색의

אַבָּא [아바]: 아빠

הַלַּיְלָה [할라이라]: 그 밤

שֶׁמֶשׁ [쉐메쉬]: 태양

אַבָּא בָּא [아바 바]: 아빠가 왔다

חֶרֶס [헤레스]: 태양

11장 |

나의 **도움**이자 나의 **능력**이신 **여호와**

성경에서 사람의 이름은 단순한 호칭 이상의 의미를 지닌다. 이름은 그것을 지닌 사람의 본질이나 특징을 규정하는 기능을 수행한다고 전제된다. 예를 들어 태어날 때 형의 발꿈치(עָקֵב [아케브])를 잡고 태어난 아들에게 야곱(יַעֲקֹב [야아코브])[39]이라는 이름이 붙여졌다. 그 이름은 기본적으로는 다른 사람의 발꿈치를 붙잡는 행위를 뜻한다. 보다 구체적으로는 몰래 누군가의 뒤로 다가가서 놀라게 하는 행위를 의미하며, 구약 성경에서는 이를 '배신하다'라는 의미로 자주 사용하였다.[40]

이같이 부정적 의미를 담고 있는 야곱이란 이름을 지닌 사람의 삶은 그 이름처럼 배신과 속임으로 점철된다. 형의 어려움을 빌미로 장자의 명분을 팥죽으로 산 행동(창 25:29~34)이나 눈먼 아버지를 속이고 장자의 축복을 가로챈 행동(창 27:1~29) 외에도 거짓과 배신은 그의 인생을 떠나지

---

39 문법의 측면에서 야아코브(יַעֲקֹב)는 칼동사 미완료, 3인칭 남성 단수, 어근 עקב([아인] [코프] [베트])로 분석된다.

40 대표적인 예는 에서가 그를 가리켜 이삭에게 한 말 속에 나타난다. "그의 이름을 야곱이라 함이 합당하지 아니하니이까 그가 나를 속였으니(וַיַּעְקְבֵנִי [바야케베니]) 이것이 두 번째니이다"(창 27:36) 이 외에 렘 9:3; 시 49:5에서와 같이 이 동사는 부정적인 뉘앙스로만 사용되었다.

않았다. 그가 저지른 거짓과 배신은 더 큰 대가를 치러야 했다. 그는 결혼에 있어서 외삼촌이자 장인이 된 라반의 거짓으로 배신감을 느껴야 했으며(창 29:25), 품삯을 열 번이나 바꾸는 라반의 속임수를 직면해야 했으며(창 31:7), 그의 아들 열 명은 요셉을 노예로 팔아 버리고, 들짐승에게 죽은 것으로 속였다(창 37:31~35). 야곱이란 이름이 지닌 거짓과 배신이 그의 삶을 둘러싸고 있었던 것은 단순한 우연은 아니었다. 이와 유사하게 얍복강에서 그의 이름이 이스라엘로 변화된 후, 그가 야곱의 삶, 즉 거짓과 배신의 삶을 살아갈 수밖에 없었던 근본적 원인을 제공했던 형 에서와 화해를 하게 된다. 그의 이름이 이스라엘이 된 후 전개된 첫 번째 사건은 4백 명의 장정을 이끌고 야곱을 향해 달려왔던 에서가 그를 보고 안고 입맞추고 우는 예상 밖의 전개였다(창 33:1-4). 이는 이스라엘[41]이란 이름이 제시하듯이 하나님께서 그를 위해 싸우신 결과로 볼 수 있지 않을까?

이 사건 이후 성경에서 야곱은 이 두 가지 이름–야곱과 이스라엘–으로 불린다. 즉 하나님께서 그의 이름을 개명해 주신 결과, 그는 두 개의 이름을 지니게 되었다. 일례로 주전 8세기 예언자 미가는 이스라엘의 통치자들을 가리켜 '야곱 족속의 우두머리들과 이스라엘 족속의 통치자들'이라고 칭한다(미 3:1, 9 등). 또한 갈멜산 위 엘리야와 바알 선지자들의 대결 가운데 다음과 같은 야곱의 이름에 관한 설명을 발견할 수 있다. "야곱의 아들들의 지파의 수효를 따라 엘리야가 돌 열두 개를 취하니 이 야곱은 옛적에 여호와의 말씀이 임하여 이르시기를 네 이름을 이스라엘이라 하리라 하신 자더라"(왕상 18:31) 이 본문은 그가 이스라엘이란 이름보다

41 성경에서 이스라엘(יִשְׂרָאֵל)이란 이름은 하나님과 겨루었다는 의미로 해석되고 있으나, 동시에 이 이름은 '하나님께서 싸우시리라'는 의미로 해석될 수 있다. 즉 그 이름 속 하나님을 뜻하는 '엘(אֵל)'은 목적어로도, 주어로도 해석될 수 있다. *HALOT, vol.1*, 442a.

야곱이라는 이름으로 더 잘 알려진 뉘앙스를 보여준다. 이러한 경향은 포로기 이후의 성경인 역대기에서도 발견된다. "이는 야곱에게 세우신 율례 곧 이스라엘에게 하신 영원한 언약이라"(대상 16:17) 이 같은 본문들은 하나님께서 야곱의 이름을 이스라엘로 개명하신 이후에도 여전히 야곱이란 이름이 사용되었음을 제시한다.

성경 속에는 야곱과 같이 두 개의 이름을 지닌 인물들을 발견하기란 그리 어렵지는 않다. 솔로몬의 경우도 이에 속한다. 그가 태어나자 솔로몬[42] 이라는 이름이 주어졌다(삼하 12:24). 다윗과 밧세바 사이에 태어난 첫째 아이가 이레 만에 죽었기 때문에(삼하 12:18), 그 둘째 아이가 다윗에게 평화를 안겨주기 바라는 심정에서 샬롬(שָׁלוֹם)에서 따온 솔로몬이라 이름한 것으로 보인다. 그 직후 하나님은 선지자 나단을 보내서 솔로몬에게 여디디야(יְדִידְיָה [예디디야])[43]라는 이름을 주셨다(삼하 12:25). 그 결과 야곱의 경우와 유사하게 솔로몬 역시 두 개의 이름을 지녔다고 하겠다. 그러나 야곱의 경우와 달리 성경 속에서 솔로몬에게 주어진 이름 여디디야는 단 한 차례만 언급될 뿐이다(삼하 12:25).

성경 속에서 두 이름으로 소개되는 또 다른 인물은 사울 왕의 아들 이스보셋이다. 사울 왕이 그의 세 아들 요나단, 아비나답 그리고 말기수아와 함께 전사하자(삼상 331:2) 군사령관 아브넬이 마하나임으로 데려가 북

---

42 솔로몬이라는 발음은 칠십인역의 헬라어식 이름인 '살로몬(Σαλωμων)'에서 음역된 이름이다. 히브리어로 그 이름은 쉘로모(שְׁלֹמֹה)로 발음된다. 그 의미는 '그(다윗)의 평화'이다. 이는 다윗과 밧세바 사이에 태어난 첫째 아이의 죽음을 염두에 둔 이름으로 해석된다.

43 예디디야(יְדִידְיָה)라는 이름은 '사랑받는 자(יָדִיד [야디드])'와 여호와를 뜻하는 '야(יָה)'가 결합된 형태로서, '여호와의 사랑을 받는 자'를 뜻한다. 야디드(יָדִיד)는 '사랑받는 자'에서 그 의미가 확대되어 '친구'를 의미할 수도 있기 때문에 '여호와의 친구'로 해석될 소지가 있는 예디디야라는 이름은 신학적 측면에서 논쟁의 대상이 될 수도 있다.

쪽 지파들과 요단 동편 지역을 다스리는 왕으로 세운 이가 바로 이스보셋이었다(삼하 2:8~9). 즉 사무엘서에 따르면, 사울 왕의 네 아들은 요나단, 아비나답, 말기수아 그리고 이스보셋이다. 한편 역대기에 수록된 사울 왕의 계보는 차이를 보인다. 그 계보에 등장하는 사울 왕의 네 아들 이름은 요나단, 말기수아, 아비나답과 에스바알이기 때문이다(대상 8:33; 9:39). 즉 이스보셋이라는 이름이 에스바알이라는 형태로 나타난다.

이스라엘이나 여디디야의 경우와는 달리 성경에는 이 인물의 개명에 관한 설명이나 그 어떤 사건도 제시되지 않는다. 이로 인해서 이스보셋은 성경을 필사한 서기관들이 에스바알을 변형시킨 형태로 이해된다. 그와 같은 추정은 두 가지 근거를 기초로 제시된다. 첫째는 두 이름의 형태이다. 이스보셋(אִישׁ בֹּשֶׁת [이쉬 보셰트])과 에스바알(אֶשְׁבַּעַל [에쉬바알])은 모두 '사람' 또는 '남자'를 뜻하는 히브리어 '이쉬(אִישׁ)'와 바알(בַּעַל) 또는 보쉐트(בֹּשֶׁת)가 결합된 형태이다. 이는 두 개의 명사를 결합해서 하나의 명사로 사용하는 '연계형'이라는 조어법으로 히브리어에서 자주 사용되는 방식이다. 즉 위의 두 이름은 모두 '~한 사람'이라는 공통의 요소를 가지고 있다. 둘째는 이스라엘의 신앙을 좀먹고 타락시켰던 바알 종교에 대한 비판과 조롱이 에스바알을 이스보셋으로 고친 동기라는 것이다. 성경에서 바알이라는 히브리어 명사는 일반 명사와 고유 명사 두 가지로 사용된다. 일반 명사 '바알'은 '주인' '소유자'[44] 또는 '남편[45]'을 의미한다. 이러한 의미

44 바알이 주인, 소유자로 사용된 용례는 다음과 같다. 출 21:28(소의 임자= בַּעַל הַשּׁוֹר [바알 하쇼르], 소의 그 주인); 21:34(그 구덩이 주인= בַּעַל הַבּוֹר [바알 하보르]); 22:8(히 22:7, 그 집 주인= בַּעַל-הַבַּיִת [바알 하바이트]); 사 1:3 (그 주인의 구유= אֵבוּס בְּעָלָיו [에부쓰 베알라브]); 잠 1:19(그의 주인의 생명= נֶפֶשׁ בְּעָלָיו [네페쉬 브알라브]) 등.

45 바알이 남편으로 사용된 용례는 다음과 같다. 창 20:3; 출 21:3(장가들었으며= בַּעַל אִשָּׁה [바알 이샤], 여인의 남편이면); 신 22:22(유부녀= אִשָּׁה בְעֻלַת-בַּעַל[이샤 베울라트-바알], 남

에서 여호와 하나님은 이스라엘의 주인(주)이시고, 신학적으로 이스라엘의 남편이셨다.[46] 그러므로 이스라엘은 여호와 하나님을 '바알'이라고 칭할 수 있었다. 그러나 바알이라는 칭호가 가나안의 폭풍신 하다드를 뜻하는 고유 명사로 사용되었고, 그 바알 제의가 기승을 부리자 여호와 하나님을 '바알'이라고 부르는 관행은 비판받기에 이른다(호 2:16). 그 결과 이스라엘의 역사 속에서 부정적 평가를 받는 인물들의 이름 중 에스바알과 같이 바알(בַּעַל)이 들어 있는 경우 그 단어는 수치를 뜻하는 보쉐트(בֹּשֶׁת)로 수정되었다.

이와 같은 과정 속에서 '바알의 사람'으로 이해된 '에스바알'은 '수치스러운 사람'을 뜻하는 '이스보셋'이 된 것이다. 이는 사울의 넷째 아들이 야곱이나 솔로몬과 달리, 실제로 두 개의 이름을 가지지는 않았음을 뜻한다. 요나단의 아들 므비보셋의 이름(삼하 4:4)도 동일한 관점에서 이해된다. 역대기에서 그 이름은 므립바알이라고 언급되기 때문이다(대상 8:34; 9:40).[47] 이 경우에 해당되는 인물들은 신학적 이유로 인해 그 이름이 수정된 것이다.

이와 유사하지만 비판이나 조롱과는 관계없이 두 개의 이름으로 불렸던 또 다른 유명한 인물이 있다. 그는 유다의 열 번째 왕인 아사랴이다. 다음 두 본문은 그러한 점을 명확히 제시한다.

"유다 온 백성이 아사랴를 그의 아버지 아마샤를 대신하여 왕으로 삼으니

편의 소유된 여자]); 24:4(전남편= הָרִאשׁוֹן בַּעְלָהּ [바알라 하리숀], 그녀의 첫째 남편); 삼하 11:26; 잠 12:4 등.

46 D.F. Payne, 나용화, 김의원 역, "바알", 『새성경사전』(서울: CLC, 1996), 589b.

47 므립바알(מְרִיב בָּעַל [므리브 바알])은 전통적으로는 '바알과 겨루는 자'를 뜻한다(cf. 삿 6:31~32). 반면 므비보셋(מְפִיבֹשֶׁת [므피보쉐트])은 '수치스러운 입으로부터'라는 의미로 해석될 수 있다.

그때에 그의 나이가 십육 세라"(왕하 14:21)

"유다 온 백성이 나이가 십육 세 된 웃시야를 세워 그의 아버지 아마샤를 대신하여 왕으로 삼으니"(대하 26:1)

일견할 때 이 두 본문은 같은 내용을 상이한 어순으로 표현하는 듯하나, 원문을 살펴보면[48] 놀랍게도 그 두 문장의 어순은 정확히 동일하며, 단지 두 가지 차이점만을 지녔다. 첫째는 '왕으로 삼으니'에 해당되는 히브리어의 철자 체계이다. 열왕기의 경우 그 동사는 'וַיַּמְלִכוּ([바얌리쿠], 그리고 그들은 왕으로 삼으니)'로 표기되는 반면 역대기의 경우 동일한 그 동사는 'וַיַּמְלִיכוּ [바야리쿠]'로 표기된다. 철자상의 차이에도 불구하고 괄호 안의 음역이 보여주듯이 그 두 표기법은 실제 발음이나 의미에 있어서 아무런 차이를 보이지 않는다. 즉 '왕으로 삼다'는 동사와 관련해 열왕기 본문은 '불완전 철자법(כְּתִיב חָסֵר [크티브 하쎄르])'을 사용한 반면, 역대기 본문은 '완전 철자법(כְּתִיב מָלֵא [크티브 말레])'이란 표기 방식을 사용했을 뿐이다.[49]

둘째는 바로 아마샤를 이어 16세에 왕위에 오른 인물의 이름이다. 열왕기는 아사랴라는 이름으로, 역대기는 웃시야라는 이름으로 새 왕의 등극

48 이 두 구절의 원문은 다음과 같다.
왕하 14:21 'וַיִּקְחוּ כָּל-עַם יְהוּדָה אֶת-עֲזַרְיָה וְהוּא בֶּן-שֵׁשׁ עֶשְׂרֵה שָׁנָה וַיַּמְלִכוּ אֹתוֹ תַּחַת אָבִיו אֲמַצְיָהוּ'
대하 26:1 'וַיִּקְחוּ כָּל-עַם יְהוּדָה אֶת-עֻזִּיָּהוּ וְהוּא בֶּן-שֵׁשׁ עֶשְׂרֵה שָׁנָה וַיַּמְלִיכוּ אֹתוֹ תַּחַת אָבִיו אֲמַצְיָהוּ'

49 '완전 철자법(כְּתִיב מָלֵא [크티브 말레])'은 모음을 표시하는 글자들을 사용해 단어의 가독성을 높이는 표기법이다. 구체적으로 'י [요드]'를 사용해 '이' 모음을 ו [바브]'는 '오' 또는 '우' 단어 마지막의 'ה [헤]'를 사용해 '아'를 표시하는 방식이다. '불완전 철자법(כְּתִיב חָסֵר [크티브 하쎄르])'은 이러한 모음 글자를 사용하지 않는 방식이다.

을 소개한다. 아브라함이나 솔로몬 또는 야곱과는 달리, 성경은 이 왕이 이 두 이름을 사용하게 된 배경에 관해 아무런 설명도 하지 않는다. 나아가 열왕기와 역대기는 각각의 이름에 대한 선호도에 있어서 차이를 보이기도 한다. 열왕기는 아사랴라는 이름을 총 9회(왕하 14:22; 15:1, 3, 6, 7, 8, 17, 23, 27), 웃시야라는 이름은 총 4회(왕하 15:13; 30, 32, 34) 사용하면서 아사랴를 선호하는 경향을 보인다. 반면 역대기는 웃시야를 총 15회(대하 26:1, 2, 3, 4, 6, 8, 9, 11, 14, 18, 19, 21, 22, 23; 27:2) 사용한 반면, 아사랴는 전혀 사용하지 않는다. 역대기는 웃시야라는 이름을 선호하면서 열왕기 본문에 나타난 아사랴를 모두 웃시야로 수정하였다.

역대기서가 열왕기서보다 후대에 기록된 성경임을 감안하면 아사랴라는 이름이 웃시야로 수정된 이유 한 가지는 후대로 갈수록 웃시야에 대한 선호가 높아졌다는 점에서 찾을 수 있을 것이다.[50] 그러나 이러한 추정은 가장 근본적인 질문 즉, '아사랴'와 '웃시야'라는 두 이름이 모두 사용된 이유를 충분히 설명해 주지 못한다. 그 이유는 의외로 히브리어 원문을 비교해 볼 때 어렵지 않게 발견하게 된다. 한글로 음역된 '아사랴'와 '웃시야' 라는 이름은 그 발음에 있어서 큰 차이를 보이나 히브리어 상으로는 매우 밀접한 관련성을 지녔기 때문이다. '아사랴'는 히브리어로 'עֲזַרְיָה [아자르야]'[51], 웃시야는 'עֻזִּיָּהוּ [우지야후]'로 표기된다. 그 두 이름을 살펴보면 아사랴의 세 번째 철자인 'ר [레쉬]'가 웃시야에서 빠져 있음을 쉽게 알 수 있다. 그 철자의 유무로 인해 각각의 이름이 지닌

---

50 또는 웃시야 왕과 동시대에 활동했던 대제사장 아사랴와 혼돈을 피하기 위해서 웃시야라는 이름을 선호했을 가능성도 없지 않다(대하 26:17; 26:20).

51 'עֲזַרְיָה [아자르야]'는 עֲזַרְיָהוּ [아자르야후]'로 표기되기도 한다(왕하 15:6, 8). 전자는 여호와를 '야'로 표기한 반면, 후자는 '야후'로 표기하고 있다.

의미 역시 차이를 보인다. '아사랴'는 '그가 도왔다'는 동사 'עָזַר [아자르]'와 여호와를 뜻하는 'יָהּ [야]'가 결합된 형태로서 '여호와께서 도우셨다'는 뜻을 지닌 이름이다. 반면 '웃시야'는 '힘'과 '권능'을 뜻하는 명사 'עֹז [오즈]'와 1인칭 소유격 어미 그리고 여호와가 결합된 형태로서 '여호와는 나의 힘이시라'는 뜻을 지닌 이름이다. 즉 두 이름 모두 하나님께 의지하는 신앙을 표명하고 있다.

그 두 이름의 히브리어 형태는 사실상 '아사랴'와 '웃시야'가 서로 다른 두 개의 이름이 아니라, 원래 하나의 이름이었을 가능성을 시사한다. '아사랴' 또는 '웃시야'의 이름을 필사하는 가운데, 서기관은 '아사랴'를 '웃시야'로 적었거나, 그 반대였을 가능성도 있다. 어떤 이름이 원래의 이름인지는 현재로서는 가늠하기 어렵다. 여호와를 돕는 자로 묘사하는 고백(출 18:4; 신 33:26, 29; 호 13:9; 시 70:5; 89:19 등)과 여호와를 '나의 힘'으로 묘사하는 고백(출 15:2; 사 12:2; 렘 16:19; 시 28:7; 62:7; 118:14 등) 둘 다 구약성경 전반에 걸쳐 애용된 친숙한 표현이었기 때문이다. 즉 '아사랴'는 '웃시야'를 연상시킬 수 있었으며, 동시에 '웃시야'는 '아사랴'를 연상시킬 수 있었던 것이다. 이로 인해 남 왕국 유다의 열 번째 왕은 '여호와께서 도우셨다'는 '아사랴'와 '여호와는 나의 힘이시라'는 '웃시야'라는 두 이름으로 불리게 되었다.

히브리어 돌아보기

עָקֵב [아케브]: 발꿈치

יַעֲקֹב [야아코브]: 야곱, 그가 배신할 것이다

יִשְׂרָאֵל [이스라엘]: 이스라엘, 하나님께서 싸우시리라

שָׁלוֹם [샬롬]: 평화

יְדִידְיָה [예디디야]: 여디디야

אִישׁ בֹּשֶׁת [이쉬 보쉐트]: 이스보셋, 수치스러운 남자

אֶשְׁבַּעַל [에쉬바알]: 에스바알, 바알의 사람

אִישׁ [이쉬]: 남자, 사람, 남편

בֹּשֶׁת [보쉐트]: 수치

בַּעַל [바알]: 주인, 소유자, 남편, 바알신

בַּעַל הַשּׁוֹר [바알 하쇼르]: 그 소의 주인

בַּעַל הַבּוֹר [바알 하보르]: 그 구덩이 주인

בַּעַל-הַבַּיִת [바알 하바이트]: 그 집 주인

אֵבוּס בְּעָלָיו [에부쓰 베알라브]: 그 주인의 구유

נֶפֶשׁ בְּעָלָיו [네페쉬 브알라브]: 그의 주인의 생명

בַּעַל אִשָּׁה [바알 이샤]: 여인의 남편

אִשָּׁה בְעֻלַת-בַּעַל [이샤 베울라트-바알]: 남편의 소유된 여자

הָרִאשׁוֹן בַּעְלָהּ [바알라 하리숀]: 그녀의 첫 번째 남편

מְרִיב בָּעַל [므리브 바알]: 므립바알, '바알과 겨루는 자'

מְפִיבֹשֶׁת [므피보쉐트]: 므비보셋, '수치스러운 입으로부터'

עֲזַרְיָה [아자르야]: 아사랴, '여호와가 도우셨다'

עֻזִּיָּהוּ [우지야후]: 웃시야, '여호와는 나의 힘이시다'

עָזַר [아자르]: 그가 도왔다

עֹז [오즈]: 힘, 권능

12장 |

하나님의 도우심을 기리는 석비

성경에 따르면, 이스라엘은 주변 국가들과 비교해서, 왕정이 비교적 늦게 도입되었다. 이스라엘의 장로들이 라마에 있는 사무엘에게 "모든 나라와 같이 우리에게 왕을 세워 우리를 다스리게 하소서"라고 한 요구(삼상 8:5)는 뒤늦은 왕정의 도입을 시사한다. 사울 왕으로부터 시작되는 왕정 이전 이스라엘은 사사 시대를 거쳤는데, 사사기는 이 시대를 가리켜 반복해서 '이스라엘에 왕이 없던 때'로 규정한다(삿 17:6; 18:1; 19:1; 21:25).

그러나 신학적 관점에서 볼 때 이 시기 이스라엘에 왕이 없었던 것은 아니었다. 다른 나라와 같이 왕을 세워 달라는 요구를 받았던 이스라엘의 마지막 사사 사무엘이 마음이 상해 하나님께 기도했다. 이때 하나님은 "너(사사 사무엘)를 버림이 아니요 나(여호와 하나님)를 버려 자기들의 왕이 되지 못하게 함이니라"라는 말씀(삼상 8:7)과 함께 백성들의 요구대로 왕을 세우라고 명하신다. 즉 사사 시대 동안 여호와께서 이스라엘의 왕이시라는 신앙의 전통 가운데 사람을 왕으로 세우려는 시도는 불법적인 것으

로 간주되었던 것이다.[52]

그럼에도 불구하고 이스라엘은 결국 왕정을 요구하였고, 하나님은 사무엘을 통해 왕정 수립을 허락하셨다. 정치적 측면에서 왕정을 요구했던 이유는 이스라엘을 위협하는 블레셋이라는 강력한 적의 출현에 있었다. 블레셋의 위협은 이스라엘 역사 초기부터 나타났다. 사사기에서 특별한 힘을 지닌 것으로 유명했던 사사, 삼손이 직면했던 적은 블레셋이었다. 생애의 마지막 순간 삼손은 삼천 명에 이르는 블레셋과 함께 죽음을 맞이했으나(삿 16:27~30) 삼손의 죽음 이후에도 블레셋의 위협은 결코 줄어들지 않았다. 사무엘이 본격적으로 활동하기 전 이스라엘과 블레셋은 아벡에서 결전을 벌이게 된다(삼상 4:1). 1차 전투의 결과는 이스라엘의 패배였다. 그 전투에서 이스라엘의 군사 사천 명가량이 전사했다(삼상 4:2). 이어진 2차 전투에서 이스라엘은 '만군의 여호와의 언약궤'를 가지고 전장에 출현했다. 대제국 이집트의 억압에서 이스라엘을 구원하신 하나님의 상징인 언약궤가 전쟁의 승리를 이스라엘에게 안겨줄 것이라는 기대에서 비롯된 행동이었다. 그러나 그 전쟁 역시 블레셋의 승리로 끝났을 뿐만 아니라, 이스라엘 측 사상자는 무려 삼만 명에 이르렀다(삼상 4:10). 더군다나 당시 종교적 지도자였던 엘리 제사장의 두 아들마저 죽임을 당했고, 하나님의 언약궤마저 블레셋에게 빼앗기고 말았다(삼상 4:11). 이스라엘의 신앙의 대표적 상징이자 당시 국가적 상징이기도 했던 법궤를 빼앗겼다는 사실은 그만큼 아벡 전투가 이스라엘에게 치명적인 패배였으며, 동시에 블

52 엄격히 말해서 이스라엘 역사 가운데 최초로 왕의 칭호를 사용하고, 스스로 왕위에 오른 인물은 기드온의 아들 아비멜렉이었다(삿 9:6). '여호와께서 이스라엘의 왕이시다'는 신앙의 전통 속에서 아비멜렉의 왕정은 악한 정권이자 하나님에 의해 멸망 당한 정권으로 묘사된다(삿 9:56). 그 결과 이스라엘 역사 속 최초의 합법적인 왕이라는 칭호는 사울에게 돌아갔다(삼상 10:24).

레셋의 힘과 위협이 사실상 이스라엘을 무력화할 정도로 강력했음을 반증한다. 하나님의 언약궤를 탈취당했다는 소식에 제사장이자 사사였던 엘리는 낙상해 죽고 말았다는 성경의 기록(삼상 4:18)은 하나님의 법궤의 탈취라는 그 전쟁 결과가 얼마나 충격적이었는지에 관한 생생한 증언이다.

블레셋이 이렇듯 강력한 국력을 구축할 수 있었던 원인으로 먼저 그들의 정착지가 주는 이점을 들 수 있다. 주로 지중해 해안을 따라 자리한 해안 평야 지역에 정착했던 블레셋은 중앙 산악지대에 정착했던 이스라엘에 비해 경제적으로 보다 우위를 점할 수 있었다. 당연히 경제적 우위는 무력의 우위로 이어졌다. 또한 블레셋은 이스라엘보다 앞서서 철기에 진입하였다. 사울 왕 시대까지 이스라엘이 철로 만든 칼이나 창을 소유하는 일은 극히 제한적이었고 철제 도구인 보습이나 삽, 도끼나 괭이를 벼리는 일조차 블레셋이 독점하고 있었다(삼상 13:19~21). 이 점 역시 블레셋이 이스라엘에 대한 위협으로 부상하게 된 주요 원인이었음은 분명하다.

아벡 전투 이후 계속된 블레셋의 위협은 사무엘의 등장과 함께 저지될 수 있었다. 사무엘이 이끈 이스라엘 사람들이 미스바 전투에서 블레셋에게 거둔 승리(삼상 7:10~12)는 블레셋의 위협에 완전한 종지부를 찍지는 못했으나 그럼에도 불구하고 그 승리의 의미는 결코 폄하될 수 없다. 블레셋의 힘이 약화된 것은 아니었으나 사무엘이 사사로 활동하는 날 동안 이스라엘은 더 이상 쉬운 상대로 생각할 수 없게 된 것이다(삼하 7:13). 즉 미스바 전투의 승리는 이스라엘로 하여금 힘을 비축할 수 있는 계기를 마련해 주었다.

여기에 성경 역시 미스바 전투의 승리가 지닌 신학적 의미를 여러 가지 방식으로 제시함으로써 그 승리의 의의를 강화한다. 먼저 미스바 전투는 이스라엘의 전쟁 준비로 시작되지 않는다. 대신 그 사건은 세 차례에 걸쳐서 이스라엘의 신앙에 관한 일련의 사건들을 먼저 소개한다. 첫째는 '여호와만을 섬기라는' 사무엘의 훈계와 이스라엘 자손의 순종이다(삼상 7:3~4). 둘째는 미스바에서 이스라엘을 위한 사무엘의 금식 기도와 이를 위한 이스라엘 자손의 모임이다(삼상 7:5~6). 셋째는 미스바를 향한 블레셋의 침공과 이로 인한 사무엘의 번제와 기도이다(삼상 7:7~9). 즉 미스바 전투 이전 이스라엘의 신앙 회복이 세 차례에 걸쳐 강조된다. 이러한 점은 "이스라엘은 나가서 블레셋 사람들과 싸우려고 에벤에셀 곁에 진 치고"라고 소개되는 아벡 전투의 시작(삼상 4:1)과는 확연한 차이를 보인다.

다음으로 미스바 전투는 하나님께서 이스라엘을 위해서 싸우시는 거룩한 전쟁(holy war)의 전통을 제시한다. 진군해 오는 블레셋의 위협 속에서 사무엘을 향한 '쉬지 말고 기도하라'는 백성의 요구와 사무엘의 기도에 여호와께서는 응답하셨다(삼 7:9~10). 여호와 하나님은 블레셋에게 큰 우레를 발하여 그들을 어지럽게 하셨다. 아벡 전투에 '여호와의 언약궤'를 가져온 행동도 기본적으로는 거룩한 전쟁의 전통에 따른 것이었다. 언약궤가 있는 곳에 하나님께서 함께하시리라는 전통이 그 바탕에 깔려 있음은 명확하다. 그러나 아벡 전투의 경우 하나님의 구원을 위한 기도나 그에 대한 하나님의 응답은 전혀 언급되지 않는다. 다음과 같이 이스라엘 장로들의 정치적 판단만 제시될 뿐이다. "여호와께서 어찌하여 우리에게 오늘 블레셋 사람들 앞에 패하게 하셨는고 여호와의 언약궤를 실로에서 우리에게로 가져다가 우리 중에 있게 하여 그것으로 우리를 우리 원수들의 손에서 구원하게 하자"(삼상 4:3) 이러한 판단 속에서 인간의 판단은 하나님의 주권을 무시하며, 여호와의 언약궤는 이스라엘에 승리를 가져올 수 있는 주술적 도구처럼 묘사될 뿐이다. 결국 아벡 전투는 하나님의 외면을 받은 반면, 미스바 전투에는 큰 우레를 통해 직접 참여하시는 하나님의 모습이 묘사된다.

이와 유사하게 미스바 전투와 아벡 전투의 결말부를 비교하면, 역시 대조적 관점을 제시하는 유사한 사건이 묘사된다. 각각의 전투는 이름과 관련된 사건을 그 마지막에 언급한다. 아벡 전투의 패배 이후에 소개되는 에피소드는 엘리의 며느리, 비느하스의 아내가 태어난 아이 이름을 '이가봇'이라고 짓는 사건이다. '이가봇(אִיכָבוֹד [이카보드])'는 영광을 뜻하는 명사 '카보드(כָבוֹד)'에 '이(אִי)'라는 단어가 결합된 이름이다. 히브리어 '이(אִי)'는 '~이 아니다'는 부사로 볼 수 있으며, 또한 '어디에?'라는 의문사로도 볼 수 있다. 이에 따라 '이가봇'은 '불명예' '치욕' '망신'을 뜻하는 명사로 보거나 '영광이 어디로 사라졌는가?'를 뜻하는 문장으로 해석할 수 있다. 어떤 경우이던 아벡 전투의 패배와 언약궤의 탈취, 사사이자 제사장인 엘리와 그의 아들 비느하스의 사망으로 이어지는 일련의 사건들은 결국 하나님의 영광이 이스라엘을 떠난 증거로 이해된 것이다. 그 결과는 이스라엘에게 커다란 치욕을 안겼다. 그러한 고통 속에서 비느하스의 아내는 아이에게 '이가봇'이라는 이름을 붙였다.

미스바 전투 역시 간략하지만 이름을 짓는 에피소드를 언급한다. "사무엘이 돌을 취하여 미스바와 센 사이에 세워 이르되 여호와께서 여기까지 우리를 도우셨다 하고 그 이름을 에벤에셀이라 하니라"(삼상 7:12) '에벤에셀'이라는 이름은 엘리의 며느리가 자신의 아이에게 붙여준 '이가봇'과는 정반대되는 내용을 담고 있다. 하나님의 영광이 이스라엘을 떠난 것이 아니다. 지금 하나님은 이스라엘과 함께하신다. 즉 하나님의 영광은 이스라엘 안에 나타나고 있다. 이같이 이름을 짓는 결말 부분의 에피소드를 통해서도 미스바 이야기는 아벡의 이야기와 대조를 이룬다.

흔히 기독교인 가운데 '에벤에셀'이란 히브리어의 뜻을 본문 속 설명을 토대로 '여기까지 도우셨다'라고 알고 있는 이들이 없지 않다. 그 같이 간결하게 제시된 단어의 뜻은 쉽게 그 의미를 기억하게 할 수 있다는 장점을 지녔다. 그러나 도움의 주체와 도움의 대상이 명시된 본문, '여호와께서 여기까지 우리를 도우셨다'는 내용을 충분히 반영하지 못한다는 점은 큰 아쉬움으로 남는다. 더군다나 '여기까지 도우셨다'는 본문의 설명은 '에벤에셀'의 뜻을 밝혀주려는 설명이 아니라, 사무엘이 미스바와 센 사이에 '에벤에셀'이라는 돌을 세운 목적을 제시하려는 설명으로 보는 것이 타당하다. 히브리어 '에벤에셀(אֶבֶן הָעֵזֶר [에벤 하아제르])'의 의미 자체가 '여기까지 도우셨다'가 아니기 때문이다.

이 명칭을 구성하는 첫 번째 요소는 '에벤(אֶבֶן)'이라는 단어이다. 이 단어는 기본적으로는 돌을 뜻한다. 세속적 영역에서 '에벤(אֶבֶן)'은 시내물 속 돌(삼상 17:40)이나 들판의 돌(창 28:11; 31:46), 건축용 석재(창 11:3; 레 14:42; 잠 24:31, 느 4:3), 무기(민 35:17; 삿 20:16), 계량용 추(레 19:36; 삼하 14:26; 미 6:11), 심지어 우박(수 10:11; 사 30:30) 등의 의미로 사용되었다. 종교적 영역에서 '에벤(אֶבֶן)'은 돌단(출 20:25; 신 27:5; 수 8:31), 경계석(창 31:45), 기념물(출 28:12; 수 4:7), 심지어 우상(렘 2:27; 3:9; 겔 20:32) 등의 의미로 사용되었다. 이러한 다양한 의미를 토대로, 미스바 전투의 승리라는 측면에서 볼 때, 에벤에셀의 '에벤'은 '승리의 기념물'(승전비)을 뜻한다.[53]

에벤에셀의 두 번째 요소인 '하아제르(הָעֵזֶר)'는 도움, 조력을 뜻하는 명사 '에제르(עֵזֶר)'가 정관사 '하(הָ)'의 수식을 받은 형태이다. 구약 성경에서 이 명사가 지칭하는 도움은 주로 이스라엘을 위한 하나님의 도우심을 뜻

53 *HALOT, vol.1*, 8b.

한다. 이는 이 명사가 성경에서 사용되는 대부분 용례를 통해 명확히 제시된다. 하나님은 자신을 가리켜 이스라엘을 돕는 자로 규정하신다(호 13:9). 모세 역시 자신의 둘째 아들의 이름을 엘리에셀(אֱלִיעֶזֶר [엘리에제르])로 지은 것에 관해서 '내 아버지의 하나님이 나를 도우사 바로의 칼에서 구원하셨다'라는 설명이 제시된다(출 18:4). 그 설명처럼 '엘리에셀'은 '나의 하나님은 도움(돕는 자)이시다'라는 고백을 담은 이름이다. 시온을 향한 순례의 여정에 참여한 시인은 천지를 지으신 여호와로부터 자신의 도움이 온다고 노래하였다(시 121:1~2). 즉 성경이 '도움' 또는 '돕는 자'와 관련해 제일 먼저 떠올리는 것은 '여호와 하나님의 도우심' 또는 '이스라엘을 도우시는 여호와 하나님'이었다.

결국 이러한 용례를 놓고 볼 때 '에벤에셀(אֶבֶן הָעֶזֶר [에벤 하아제르])'이라는 명칭은 '그 도움을 기리는 기념비' 또는 '그 도우시는 분을 기리는 기념비'로 해석된다. 그 도움은 하나님의 권능에서 비롯되는 적극적이고 강력한 도움이며, 애굽의 노예를 하나님의 거룩한 백성으로 삼으시는 신실한 사랑에 기초한 도움이며, 홍해를 가르고 가나안 땅을 정복케 하는 불가능을 가능으로 변화시키는 도움이다.

이와 관련해서 성경 속에 수록된 또 한 가지 중요한 도움을 언급할 필요가 있다. 앞에서 언급한 바와 같이 성경에서 '에제르(עֵזֶר)'는 일반적으로 '하나님의 도우심'이란 의미로 사용되었다. 그런데 흥미롭게도 구약성경이 처음 이 단어를 사용하며, 적용한 대상은 아담의 짝으로 창조된 여인이었다. 그것은 에덴동산 이야기 가운데 등장한다. 놀랍게도 인간의 타락 이전에 에덴동산에는 한 가지 좋지 않은 것이 존재했다. 그것은 아담이 홀로 사는 것이었다. 그것이 좋지 않다는 것은 다름아닌 하나님의 판단이었다(창 2:18). 그 좋지 않은 것을 바로잡고자 하나님께서는 아담을 위해 '돕는 배필(עֵזֶר כְּנֶגְדּוֹ [에제르 크네그도])'[54]을 지으셨다. 돕는 배필이란 축자적으로 번역하면, '그에게 상응하는 자로서의 돕는 자' '그와 동등한 자로서 돕는 자'를 뜻한다. 무엇보다 일반적으로 하나님의 도움을 뜻하는 '에제르(עֵזֶר)'가 여인에게 적용되었다는 점은 놀랍다. 즉 창조의 질서 속에서 여성은 마치 하나님께서 인간을 위해 주시는 도움처럼 적극적이고 능동적인 도움을 행하는 주체로서 창조되었음을 추론할 수 있다. 즉 돕는 자란 용어가 지닌 의미를 놓고 볼 때, 돕는 배필로서 하나님께서 창조한 여성은 남성과 동등한 존재이자 적극적 도움의 주체인 것이다. 인류의 역사 속 대부분의 경우 남성에 비해 상대적으로 약한 성이나 수동적 성으로 정의되었고, 그렇게 정의되도록 강요받아 왔던 여성은 하나님의 선하신 창조의 질서 속에서는 오히려 적극적이고 능동적이며 남성과 대등한 도움의 주체로 제시되고 있다.

54 배필로 번역된 히브리어 '네게드(נֶגֶד)'는 영어의 'counterpart(상대물〔인〕, 대응물〔자〕, 동〔同〕자격자)'에 해당하는 단어로서 완전히 상응하는 대등한 존재를 지칭한다. *HALOT, vol.1*, 666b. '크네그도(כְּנֶגְדּוֹ)'는 '그의 짝(נֶגֶד [네게드])으로서'로 직역된다.

히브리어 돌아보기

אִיכָבוֹד [이카보드]: 영광이 없다, 영광이 어디로 사라졌는가?

אֶבֶן הָעָזֶר [에벤 하아제르]: 에벤에셀, '그 도움을 기리는 기념비'

אֶבֶן [에벤]: 돌

עֵזֶר [에제르]: 도움

הָעָזֶר [하아제르]: 그 도움

אֱלִיעֶזֶר [엘리에제르]: 엘리에셀, '나의 하나님은 도움이시다'

עֵזֶר כְּנֶגְדּוֹ [에제르 크네그도]: 돕는 베필

13장 | 변함없는 충직한 동물!

인류의 삶 속에 많은 시간 함께 하며 소중한 친구로 자리를 지켜주었던 존재 중 하나가 반려동물이다. 고대에는 반려동물이라는 개념보다는 인류에게 노동력과 여러 자원을 제공해주는 가축이라는 개념이 보다 큰 비중을 차지했을 것으로 생각될 수 있으나, 사람과 반려동물 사이의 각별한 관계를 보여주는 기록들 역시 적지 않게 보존되어 왔다. 일례로 우리나라 임실 지방에 내려오는 오수의 개[55] 이야기는 주인과 대한 개의 충성을 보여주는 대표적인 사례인 동시에, 자신의 개를 각별히 사랑하고 아꼈던 한 사람의 이야기이기도 하다.

이처럼 사람과의 교감을 나누는 반려동물의 특성으로 인해, 특정 동물

---

55 오수의 개 이야기의 간략한 줄거리는 다음과 같다. 김개인이라는 사람이 기르던 개를 사랑해 항상 데리고 다녔다. 어느 날 그가 술에 취해 귀가 중 잔디밭에 쓰러져 잠들었는데, 부근에서 발생한 들불이 그의 주변으로 번졌다. 주인이 일어나지 않자 개는 가까운 시내로 달려가 온몸에 물을 적셔 주인 주변의 잔디를 적셨고, 이를 수없이 반복한 끝이 기진해 죽고 말았다. 잠에서 깬 주인은 자신을 구한 개의 시신을 안고 통곡했으며, 개의 무덤을 만들어 장사지냈는데, 그 무덤에 꽂아 두었던 그의 지팡이가 자라나 큰 느티나무로 성장했다. namu.wiki/w/%EC%98%A4%EC%88%98%EA%B0%9C에서 인용.

에게는 긍정적이든 부정적이든 고유한 이미지가 부여되어 왔다. 앞에서 언급한 오수의 개와 같은 이야기는 그 동물에 충성, 충직이라는 이미지를 부여하였던 반면, 개와 관련된 여러 비속어들을 놓고 볼 때 개에게 부정적 이미지 역시 적지 않게 부여되었다고 추정된다. 동물에게 부여된 이미지는 일상의 경험에서 기인하기도 하지만, 때로 종교적 이유에서 발생하기도 한다. 유대인들의 경우 돼지라는 동물에 대해서 부정적 이미지를 견지하였다. 성경은 돼지를 대표적 부정한 동물로 규정하며 돼지고기 먹는 것을 금하기 때문이다(레 11:7). 더욱이 돼지고기의 식용 금지는 물론 그 사체의 접촉마저 금지된다(레 11:7~8; 신 18:8). 이러한 금지는 유대인들이 먹을 수 있는 육류가 발이 굽이 갈라진 쪽발이어야 하며, 동시에 되새김질하는 동물로 규정되었기 때문이다(레 11:4). 돼지의 발은 굽이 갈라진 쪽발이지만, 되새김질하지 못하기 때문에 이스라엘 자손들에게는 부정한 동물로 규정되었다. 현대에 이르도록 유대인들은 음식과 관련해 정결과 부정을 엄격히 구분하는 정결법(כַּשְׁרוּת [카쉬루트])의 전통을 엄격히 지키고 있으며, 그 결과 돼지는 대표적인 부정한 동물로 간주된다. 필자가 이스라엘에서 유학했을 당시 현대 히브리어를 가르쳤던 선생님 한 분은 심지어 "이 세상에 돼지를 긍정적으로 보는 민족은 아무도 없다"고 단언하기도 하였다. 그 선생님과 논쟁을 하고 싶지 않았던 필자는 미소 지으며, 속으로 '한국에서는 돼지 꿈을 꾸면 아마 그 다음 날…'이라고 생각했던 기억이 난다. 이러한 차이점이 성경의 규정에서 비롯되었음은 흥미롭다.

그렇다면 고대 이스라엘 사람들은 개에게는 어떤 이미지를 부여했을까? 개는 일찍부터 인류가 길들였던 대표적인 동물 중 하나이다. 이스라엘에서 양을 지키기 위해 개의 사육이 필요했음은 당연하다(사 56:11; 욥 30:1). 이러한 점은 실제 고고학 발굴을 통해서도 확인되며, 개의 사육이 생각보다 훨씬 더 오래전부터 이루어졌음을 알 수 있다. 이스라엘 북부 지역 내 아인 말라하(ʿEin Mallaḥa)에서는 우리의 관심을 자아내는 무덤 하나가 발견되었다.[56] 무려 주전 9600년경으로 추정되는 그 무덤에는 한 여인이 강아지나 늑대 새끼로 추정되는 동물과 함께 매장되어 있었다. 그 개가 야생 상태였는지 길들여진 상태였는지 정확하게 알 수 없으나 그럼에도 불구하고 그 무덤은 이스라엘 지역에서 인류와 개과 동물 사이에 맺어진 최초의 역사적 관계를 보여준다.

구약 성경의 여러 본문 속에도 당연히 개가 등장한다. 그 최초 장면은 출애굽 전야를 묘사하는 본문 속에서 발견된다. 모세는 이집트에 임했던 열 가지 재앙 중 마지막이자 가장 큰 고통과 아픔을 야기했던 장자의 죽음이 발생할 것을 파라오에게 경고한다(출 11:4~6). 이로 인해 이집트에는 전무후무한 곡소리가 만연하게 될 것이다. 그러나 이스라엘 자손에게는 개조차 짖지 않을 것이다(출 11:7). 이 본문은 짖고, 경계하는 개의 전형적인 습성을 묘사하고 있다.

구약 성경은 이 같은 개의 신체 특성에 관한 서술보다 전반적으로 부정적인 분위기 속에서 개를 묘사하는 경향을 보인다. 부정적 평가는 대체로 주인 없는 개들과 관계가 있다. 그런 무리들은 사람들의 거주 지역에서 먹이를 찾아 배회하거나(시 59:7, 15) 죽은 동물이나 사람의 시체를 먹어 치우며(왕상 23:38), 또는 통행자들을 공격한다(시 22:17). 들짐승의 공격을 받아 찢겨 죽은 동물들은 성민 이스라엘이 먹을 수 없는 것으로 금지되었고, 그 사체들은 개에게 던져야 했다(출 22:31). 여기서 개는 죽음과 관련

---

56 Paula Wapnish & Brian Hesse, "Dogs," *The Oxford Encyclopedia of Archaeology in the Near East Vol. 2* (New York, Oxford: Oxford University Press, 1997), 166.

된 부정을 처리하는 동물로서 다루어지고 있다.

나아가 사람을 개로 비유하는 경우 그 부정적 이미지는 더욱 강화된다. 극단적 경우이겠지만, 몸을 파는 남성들은 개에 비유된다(신 23:18). 이런 표현은 공동체 구성원들이 개가 지닌 부정적 이미지를 공통적으로 인정하고 있음을 뜻한다. 골리앗은 검과 방패 대신 목자의 제구만을 가지고 자신에게 다가오는 다윗을 보고, '네가 나를 개로 여기고 막대기를 가지고 나아왔느냐?'고 조롱한다(삼상 17:43). 골리앗의 조롱은 개를 쉽게 제압할 수 있는 대상으로 간주하고 있음을 뜻한다. 사울을 이어 왕이 된 이스보셋은 자신의 군사령관 아브넬을 꾸짖었다. 그가 자기 아버지의 후궁 리스바를 범했던 것이다. 이는 반역으로 간주될 수 있는 중대한 사건이었다(cf. 왕상 2:22). 그러나 왕 이스보셋을 능가하는 권력을 지녔던 아브넬은 분노하며 "내가 유다에 속한 개 대가리인가?"라고 대든다(삼하 3:8; cf. 왕하 8:13). 이스보셋을 왕으로 세운 장본인이었던 아브넬은 이스보셋이 자신을 경시할 수 없다고 자신했던 것이다. 이 역시 골리앗의 조롱 속에 나타나는 동일한 이미지를 전제한다. 이와 유사하게 '죽은 개'라는 표현 역시 이러한 이미지를 더욱 강화한다. 추격해 오는 사울 왕 앞에서 다윗은 자신을 '죽은 개'라고 칭했다(삼상 24:14). 함께 사용한 '벼룩'은 '죽은 개'가 지닌 하찮은 존재라는 부정적 의미를 명확하게 해준다. 후에 요나단의 아들 므비보셋 역시 다윗 앞에서 자신을 '죽은 개'에 비유했으니(삼하 9:8) 이는 다윗과 사울의 역전된 지위를 제시하는 역사의 아이러니라 하겠다. 이 두 경우 사용된 '죽은 개'는 모두 상대방 앞에서 자신을 낮추기 위한 의도로 사용되었다.

이같이 성경이 신학적이고, 종교적인 관점에서 개와 관련해 제시하는 이미지를 고대 이스라엘 사람들이 실제로 개에게 부여했던 이미지와 비교한다면 어떤 차이점이 있을까? 이스라엘의 일상 가운데에서도 역시 개에게는 주로 부정적 이미지가 부여되었을까? 이 질문에 관한 단서는 '라기스 2번 토기 조각(Lachish Ostracon Ⅱ)'[57]에서 발견된다. 이 문서의 대부분은 야우쉬라는 이름의 상관을 향한 축복과 복종을 나타내는 내용으로 구성되었다. 그 간략한 원문의 내용은 다음과 같다.

> 내 주 야우쉬에게,
> 야웨께서 내 주에게 오늘,
> 바로 이날에 평화의 소식들을 들려주시기를 원합니다!
> 당신의 종, 개가 누구이기에 내 주께서 그의 종을 기억하십니까?
> 야웨께서 내 주에게 당신이 알지 못하는 일을 일려주시기 바랍니다.

이 서신 속 인물의 이름 야우쉬는 요시아(יאשיהו, Yōʾšiyāhû)의 애칭이며, 이 이름을 한 인물은 서신을 보낸 이의 상관이다. 수신자를 밝힌 후 편지는 하나님께서 주실 평화의 소식을 기원하는 인사로 이어진다. 그 직후에 편지를 보낸 이는 자신을 가리켜 "당신의 종, 개가 누구이기에, 내 주께서 그의 종을 기억하십니까?"라고 말한다. 갑작스럽게 등장하는 '개'라는 표현이 지닌 의도는 전후 맥락에 비추어 추론되어야 할 것이다. 그러나 인사말과 유사하게 편지의 마지막 문장에서도, 편지를 보낸 이가 자신을 부정적 또는 굴욕적 의미로 개에 비유해야 해야만 할 이유는 나타나지 않

57 1935년 라기스 주거층 II의 성문 건축물 부속 방 하나를 발굴하는 가운데 '라기스 토기 조각들' 대부분이 발견되었다. 그 토기 조각들에 기록된 내용은 호샤야후(Hôšaʿyāhû)라는 인물과 야우쉬라는 라기스의 관리 사이에 오간 서신들이다. *Shmuel Aḥituv, Echoes from the Past: Hebrew and Cognate Inscriptions from the Biblical Period*, (Jerusalem: Carta, 2008), 56.

는다. 마지막 문장은 단지 야우쉬가 새 정보들을 취득하게 되기를 바랄 뿐이다.

글쓴이의 잘못이 전혀 언급되지 않는 맥락 속에 사용된 '당신의 종, 개가 누구이기에'라는 문구가 굴욕적이거나 부정적인 의미를 지녔다고 판단하기는 어렵다. 오히려 이러한 표현은 상관에 대한 존경, 내지 자신에게 부여된 임무를 성실히 수행하겠다는 충성을 나타내는 표현으로 보인다. 상관에 대한 존경과 충성은 개가 지닌 부정적 이미지와 대조가 되는 긍정적 이미지이다. 즉 고대 이스라엘의 일상 속에서 '개'는 존경과 충성을 나타내는 이미지로 사용되었고, 이는 편지를 쓴 이가 아무 거리낌 없이 자신을 개에 비유한 근거가 된다.

이 같은 용례에 비추어 볼 때 다윗 앞에서 자신을 '죽은 개'로 비유했던 요나단의 아들 므비보셋(삼하 9:8)의 의도는 긍정적으로 해석될 수 있다. 즉 자신을 비하하려는 것이 아니라 사울 왕의 모든 농토를 되돌려준 관대한 다윗에 대한 므비보셋의 존경과 충성을 나타내는 비유로 볼 수 있다.

이런 측면에서 우리는 갈렙이라는 인물에 집중할 필요가 있다. 가나안 땅을 정탐하고 돌아왔던 인물들 중 눈의 아들 여호수아와 여분네의 아들 갈렙 외에는 모두 가나안 땅 정복이 불가능하다고 보고하였다. 가나안의 원주민들은 흡사 거인들, 즉 아낙 자손들 같으며, 그곳에 건축된 성읍들은 매우 견고하고 심히 크다는 이유를 들어 가나안 정복에 반대하는 정탐꾼들의 보고와 판단 그리고 이에 동조해 분노하며 울부짖는 온 회중 앞에서 제일 먼저 "우리가 곧 올라가서 그 땅을 취하자 능히 이기리라"라고 외쳤던 인물이 바로 갈렙이었다(민 13:31). 회중의 분노 앞에 모세와 아론마저 어찌할 줄 모르고 엎드려 있을 때 "여호와는 우리와 함께하시느니라 그들을 두려워하지 말라"라고 회중을 설득하며, 돌로 치려는 회중의 죽음의 위협 앞에서도 끝까지 자신의 믿음과 희망을 고수했던 한 정탐꾼의 이름이 '갈렙(כָּלֵב, 칼레브)'이었다. 그 이름이 바로 개를 뜻하는 히브리어 '켈레브(כֶּלֶב)'와 동일한 자음으로 구성된 것이 우연이라면, 이는 매우 잘 어울리는 우연이라 할 수 있다. 그 이름이 상징하는 바 변함없는 충성의 이미지를 지닌 '켈레브(כֶּלֶב, 개)'와 같이 '갈렙(כָּלֵב)'은 야웨께서 주신 임무를 위해서 죽음의 위협을 직면하면서도 변함없는 충성을 바쳤던 것이다. 저명한 구약성경학자 마르틴 노트(Martin Noth)는 갈렙이란 이름을 개의 또 다른 특성인 '맹렬함,' 즉 용맹과 연결시키기도 하였다.[58] 이러한 이미지 역시 가나안 땅 정복에 열정적으로 용맹하게 참여했던 85세의 갈렙(수 14:10~12)의 모습과 적절하게 어울린다.

이처럼 변함없는 충성과 용맹을 개의 대표적 이미지로 인식했던 고대 이스라엘 사람들은 때로는 충성의 대상 앞에서 그 자신을 겸손하게 '개'로 묘사하며 자신의 충성을 표현하였으며, 드물기는 하나 갈렙과 같이 '개'에서 본 딴 이름을 사용하기도 하였다. 특히 이러한 점은 우리나라와는 커다란 차이를 보이는 용례로서 고대 이스라엘의 특징이라 하겠다.

58 *HALOT, vol.1*, 476b에서 재인용.

히브리어 돌아보기

כֶּלֶב [켈레브]: 개

כָּלֵב [칼레브]: 갈렙

14장 |

에덴동산 밖에서

에덴동산을 떠날 수밖에 없었던 아담과 그의 아내 하와! 그들은 에덴동산 밖에서 어떤 삶을 살아갔을까? 그들이 구체적으로 어떻게 살았는지, 에덴을 떠날 수밖에 없었던 자신들의 처지에 관해 어떤 생각을 했는지 추측할 수 있는 자료는 매우 제한적이다. 성경은 에덴동산을 떠난 후 아담과 하와의 삶에 관해 자세히 이야기하는 대신, 그들의 아들 가인과 아벨의 이야기로 신속하게 전환하기 때문이다. 에덴동산 밖에서 그들의 삶은 단지 가인과 아벨 이야기의 도입부(창 4:1)와 결론부(창 4:25)에 간략하게 언급될 뿐이며, 그것도 아들의 출산 그리고 아이의 이름을 짓는 간략한 내용만 소개할 뿐이다. 그러므로 이 짧은 본문 속에서 우리는 아담과 하와가 하나님과 세상에 관해 품었던 생각 또는 그 생각에 관한 단서들을 단편적으로 추정할 뿐이다.

그러나 간략한 언급에도 불구하고 각각의 본문들은 에덴동산 밖의 삶에 대한 아담과 하와의 생각이 시간의 흐름에 따라 변화하고 있음을 명확하고 구체적으로 제시한다. 성경이 에덴동산 밖 아담과 하와에 관해 제일 먼저 말하는 바는 아담과 하와가 첫아들 가인을 낳았다는 점이다. "아담이 그의 아내 하와와 동침하매 하와가 임신하여 가인을 낳고 이르되 내가 여호와로 말미암아 득남하였다 하니라"(창 4:1). 흥미롭게도 이 짧은 구절 속에서 하와가 아들의 이름을 지으며 한 말은 직접 인용된다. 본문의 이러한 구성은 창세기 3장 속 여자의 행동을 연상시킨다. 뱀의 거짓을 토대로 한 유혹 앞에 아담은 침묵했던 반면[59], 하와는 적극적으로 응대했던 것과 유사한 장면이 여기서 재현되기 때문이다. 아담은 여전히 침묵하는 반면, 하와는 첫아들에게 '가인'이라는 이름을 붙인 이유를 명확하게 말한다. "내가 여호와로 말미암아 득남하였다"

이와 같이 하와의 말은 그녀의 신앙적 고백을 표현하는 것처럼 보인다. 하와는 하나님께서 인간을 창조하시고 명하신 "생육하고 번성하여 땅에 충만하는"(창 1:28) 복이 실현되는 첫 단계로 진입한 것으로 생각하는 것 같다. 자신과 아담이 이룬 새로운 생명의 잉태 그리고 출산이 "여호와로 말미암았다"고 고백하기 때문이다. 그러나 원문은 한글 성경의 번역과는 다소 상이한 뉘앙스를 풍긴다. 먼저 '득남하였다'는 번역은 원문의 의미와 다소 거리가 있다. '득남'이란 표현의 사전적 의미는 '아들을 낳음'[60]이다. 이에 비추어 볼 때 우리말 성경 속 하와의 고백은 '내가 아들을 낳았다'를 뜻한다.

그런데 히브리어 원문 속 하와의 고백 속에는 아들을 뜻하는 단어 '벤(בֵּן)'이 사용되지 않는다. 대신 사용되는 단어는 '이쉬(אִישׁ)'이다. 이 단어는 일반적으로 구약 성경에서 다양한 의미로 사용된다. 기본적으로 남자와 사

59 이러한 해석은 뱀이 유혹하는 자리에 아담과 그의 아내가 함께(עִם, [임]) 있었음을 전제한다. 전치사 '임(עִם)'의 의미에 대해서는 본서 3장을 참조하라.

60 국립국어원 표준국어대사전에 따르면, 득남(得男)은 '아들을 낳음'이며, 유사어로 '생남' '생자'가 있다. stdict.korean.go.kr/search/searchResult.do 참조.

람의 의미로 사용되는 단어가 바로 이 '이쉬(אִישׁ)'이다.[61] 또한 남편의 의미나[62] 인류의 의미로도 사용되기도 한다.[63] 이러한 용례에 비추어 볼 때 하와의 고백 속 '이쉬(אִישׁ)'가 아들로 번역된 것이 정확한 것이라면 이는 구약 성경 가운데 유일하게 그 단어가 '아들'이란 의미로 사용된 용례에 해당된다. 이는 바꾸어 말하면 구약 성경에 나타나는 일반적인 용례를 토대로 하와의 고백 속 그 단어는 '아들'보다는 '사람'으로 해석하는 것이 적절함을 뜻한다.[64]

또한 '득남하였다'는 아쉽게도 동사의 측면에서도 원어의 뉘앙스를 살리지 못한 번역이라 하겠다. 앞서 제시한 바와 같이 '득남하다'는 '아들을 낳았다'를 뜻하는 표현이다. 구약 성경 속에서 '낳다'라는 표현은 수없이 사용된다. 대표적인 경우는 족보이다. 일반적으로 족보는 '아무개(아버지)가 아무개(아들)를 낳고'의 같은 양식을 취하며, 이때 사용되는 대표적 동사가 'יָלַד ([얄라드], 낳다)'이다.[65] 당연히 본문 속 '하와가 임신하여 가인을

61 남자와 사람으로 사용되는 '이쉬(אִישׁ)'의 용법은 영어의 'man'와 유사하다고 하겠다. 그 대표적 용례는 다음과 같다. 남자(창 2:24; 레 15:18), 사람(출 11:7; 민 23:19; 시 22:6; 호 11:9), cf. 대장부(삼상 4:9; 26:15; 왕상 2:2)

62 창 3:6, 16; 16:3; 29:32, 34; 레 21:7(이혼당한 여인= וְאִשָּׁה גְּרוּשָׁה מֵאִישָׁהּ [베이샤 게루샤 메이샤], 그녀의 남편으로부터 이혼당한 여인); 민 30:7 등

63 신 3:11; 삼하 7:14(사람의 매 = בְּשֵׁבֶט אֲנָשִׁים, 베셰베트 아나쉼, 사람들이 사용하는 막대기); 시 62:10 등

64 대표적인 고대 역본 칠십인역(LXX) 역시 하와의 고백 속 '이쉬(אִישׁ)'를 'ἄνθρωπος([안쓰로포스], 사람)'으로 번역하였다. 영역인 흠정역(KJV)과 신개정판표준번역(NRSV) 그리고 새국제성경(NIV) 역시 '이쉬(אִישׁ)'를 'a man'으로 번역하였다.

65 '얄라드(יָלַד)'는 구약 성경에서 다양한 형태로 사용된다. 일반적으로 '낳다'라는 의미로 사용되는 칼동사 '얄라드' 외에 히필동사인 '홀리드(הוֹלִיד)'도 족보에 자주 사용되는 형태이다. 이 형태의 동사는 주로 아버지를 주어로 수식하는 특징을 지녔다(창 5:3; 대상 8:9; 사 66:9 등). 또한 '태어나다'는 의미로 니팔동사인 '놀라드(נוֹלַד)'가 사용된다(창 10:1, "홍수 후에 그들에게 아들들이 태어났으니," 레 22:27, "수소나 양이나 염소가 태어나거든," 민 26:60). '놀라드'와 유사한 의미로 푸알동사인 '윸라드(יֻלַּד)'도 사용되었다(창 4:26, "셋에게도 아들이 태어났으니," 창 50:23 "므낫세의 자손인 마길의 아들들도 요셉의 무릎 위에서 태어났으니," 욥 5:7 등).

낳고(וַתֵּלֶד [바텔레드])[66]'라고 하와의 출산을 묘사하는 문장 속에서도 동일한 동사가 사용된다. 그러나 하와 자신은 이 'יָלַד [얄라드]'동사가 아닌 '카나(קָנָה)' 동사를 사용한다. 이 동사는 세속적인 영역에서는 값을 치르고 구매하는 행위를 지칭한다. 이 동사는 주택(레 25:30), 땅(창 47:22) 들판(창 49:30; 렘 32:9), 건축 자재(왕하 12:12) 등 각종 물건들을 물론 가축(삼하 12:3)이나 노예(레 25:44)의 구입에 사용되었다. 흥미로운 표현 가운데 하나는 이 동사를 사용해서 하나님께서 이스라엘을 그의 백성으로 삼은 사건을 표현한다는 사실이다(출 15:16). 이사야 선지자 역시 이 동사를 사용해 하나님께서 행하실 포로의 귀환을 표현한다(사 11:11).[67] 이런 점과 유사하게 시편 기자는 하나님의 구원을 나타내는 은유적 표현으로 이 동사를 사용하기도 했다(시 74:2).[68] 이 같은 용례들은 구입 행위를 신학적 은유로 사용한 예에 해당된다.

그러나 더욱 놀라운 점은 이 동사가 하나님을 주어로 수식하면서 창조의 의미로 사용되는 용례다. 포로가 된 롯을 구원한 아브람을 만나 축복했던 살렘 왕은 "천지의 주재이시요 지극히 높으신 하나님(אֵל עֶלְיוֹן קֹנֵה שָׁמַיִם וָאָרֶץ [엘 엘룐 코네 샤마임 바아레쯔])"의 이름으로 그를 축복한다(창 14:19). 여기서 주재로 번역된 히브리어 '코네(קֹנֵה)'는 '카나(קָנָה)' 동사의 분사 형태로서 창조하는 이, 즉 창조주의 의미로 사용되었다. 하나님은 천지뿐만 아니라 사람의 내장을 지으셨으며(קָנָה, 시 139:13), 제일 먼저 지혜를 지으셨고(קָנָה, 잠

---

66 이 형태는 '얄라드(יָלַד)'의 칼동사 미완료 3인칭 여성 단수 형태이다.

67 이 동사의 뉘앙스를 살려 이사야 11:11을 직역하면 다음과 같다. "그날에 주께서 다시 그의 손을 펴시리니 이는 앗수르와 애굽과 바드로스와 구스와 엘람과 시날과 하맛과 바다 섬들로부터 그의 남은 백성을 사기(לִקְנוֹת [리크노트]) 위함이라."

68 "옛적부터 얻으시고(קָנָה) 속량하사 주의 기업의 지파로 삼으신 주의 회중을 기억하시며 주께서 계시던 시온 산도 생각하소서"(시 74:2)

8:22) 이스라엘을 지으신 이(קָנָה, 신 32:6)이시다.

이상의 용례들을 토대로 하와의 고백 속 '카나(קָנָה)' 동사가 어떤 의미로 사용되었는지 결정해야 한다. 사실 하와의 고백 속에 사용된 이 동사의 의미가 무엇인지 확실하지 않다는 견해들이 있음에도 불구하고,[69] 그 문장은 두 가지 의미로 해석되었다. 첫째는 "내가 여호와로 말미암아 사람을 얻었다"이며, 둘째는 "내가 여호와와 함께 사람을 창조하였다"이다. 한글 성경 속 문장은 위의 첫 번째 의미를 다듬어 의역한 경우라 하겠다. 그러나 원문 속에서 하와는 분명하게 아들이 아니라 '사람'을 얻었다고 표현한다는 점에서 '득남'은 원어의 의미를 적절하게 되살리지 못한다고 판단된다. 오히려 '사람(אִישׁ [이쉬])'이라는 단어를 사용한다는 점에서 하와의 고백은 위의 둘째 의미에 보다 가깝다고 판단된다. 즉 아담과 하와는 득남을 하나님의 고유한 창조 행위를 연상케 하는 방식으로 표현한다. 전술한 바와 같이 타락 이전 아담의 침묵과 하와의 적극적인 언명(言明)이 에덴동산 밖의 삶 속에서 동일하게 지속되었다. 이와 동일하게 하나님처럼 되고자 금지된 선악과 열매를 따 먹은 인간의 욕망은 에덴동산 밖의 삶 속에서도 여전히 지속된 것을 하와의 이 고백이 보여준다. 그 욕망 속에서 인간은 자신들을 하나님처럼 사람을 창조할 수 있는 존재로 간주하려 한 것이다. 이 같은 맥락 가운데 하와가 아들에게 붙여준 이름 '가인(קַיִן [카인])'의 의미[70]는 동사 '카나(קָנָה)'와의 발음상의 유사함을 토대로 '창조된 자'로 암시된다. 즉 '가인'이라는 이름을 붙임으로써 아담과 하와는 자신들을

69 *HALOT, vol.2*, 1112b.

70 성경 본문이 '가인(קַיִן [카인])'의 의미로 암시하는 바는 '창조된 자'로 추정된다. 그 이름의 실제 의미에 관해 '금속 세공자' '갈대' 또는 '카이난'이라는 신명과 같이 여러 견해들이 제시된다. *HALOT, vol.2*, 1097a.

피조물의 위치에 머물기를 거부하고 에덴을 떠난 후에도 여전히 창조주 하나님처럼 되고자 하는 욕망을 버리지 못했다고 해석된다.

그러나 아담과 하와가 품었던 이 같은 욕망은 에덴 밖에서 지속적으로 경험하게 되는 삶의 고단함 속에서 깨어질 수밖에 없었다. 그들의 둘째 아들 아벨의 출생에 관한 짧은 언급은 그러한 변화를 간접적으로 제시한다. 가인의 출생에 관한 묘사와 비교할 때 아벨의 출생에 관한 묘사(창 4:2)는 최소화된 내용만을 전하고 있음을 알 수 있다. "그리고 그녀는 다시금 그의 동생 아벨을 낳았다." 이 본문에는 부모의 동침과 하와의 임신에 관한 언급이 나타나지 않는다. 또한 둘째 아들에게 '아벨'이라는 이름을 지어준 것에 대한 이유나 설명도 제시되지 않는다. 마치 하와는 둘째를 낳고 특별한 의미를 부여할 여유가 없기라도 한 것처럼 말이다. 첫 번째 차이점은 이어지는 짧은 본문의 특성상, 아벨의 경우 동일한 내용이 전제된 것으로 볼 수도 있는 반면, 두 번째 차이점은 그렇게 볼 수 없다. '아벨'이란 이름이 지닌 그 고유한 의미는 당연히 '가인'이란 이름의 뜻과 다르기 때문이다.

이러한 묘사의 차이점은 의도적인 문학적 기교로 판단되며, 간접적으로 가인의 출생했을 때 아담과 하와가 느꼈던 바와 기대감을 아벨 출생 시기에 느낀 바와 대조적으로 바라보게 한다. 무엇보다 그 대조를 강하게 제시하는 바는 둘째 아들의 이름 '아벨'이다. 우리 말 성경에서 아벨로 음역된 히브리어는 '헤벨(הֶבֶל)'이다. 이 단어는 고유 명사로서는 아담과 하와 부부의 두 번째 아들의 이름이지만, 일반 명사로서는 '허무' '공허' '헛된 일'을 뜻한다. 이 단어 '헤벨(הֶבֶל)'이 일반 명사로서 집중적으로 사용되는 대표적인 본문 하나가 전도서 1장 2절이다. "전도자가 이르되 헛되고 헛되며 헛되고 헛되니 모든 것이 헛되도다" 이 짧은 구절 속에서 '헤벨(הֶבֶל)'이 무려 다섯 차례나 사용된다.[71] 인간 실존의 본질을 엄밀하게 통찰하는 전도서가 서두에서 '모든 것이 허무하다'고 탄식한 것은 하나님께서 주셔서 수고하게 하신 인류의 복잡다단한 삶 때문이다(전 1:13).[72] 그러한 삶의 공허와 허무로 인한 탄식은 이미 아담과 하와가 둘째 아들에게 '아벨(הֶבֶל [헤벨])'이라고 부른 행동 속에서 발견되는 것이다.

결국 '창조된 자'라고 해석할 수 있는 '가인'의 이름을 통해 표현된 인간의 욕망, 즉 자신을 창조주의 레벨로 놓으려는 피조물 인간의 자부심과 시도는 그리 오래 지속되지 못했음을 알 수 있다. '아벨'이라는 이름은 피조물인 인간이 창조주의 위치에 서려는 시도 끝에 최초의 부부 아담과 하와가 탄식과 함께 느끼고 내린 결론으로 볼 수 있을 것이다. 즉 가인과 아벨이라는 두 이름이 확연히 나타내는 의미상의 차이는 그 부부의 삶의 과정에서 체험한 교훈을 간접적으로 반영하는 것이다.

하나님을 떠난 삶, 에덴동산 밖에서의 쓰라린 경험, 그 후에 형제 사이에 발생한 인류 최초의 살인 사건이라는 비극 이후 아담과 하와는 또 다른 아들을 낳았다. "아담이 다시 자기 아내와 동침하매 그가 아들을 낳아 그의 이름을 셋(שֵׁת [셰트])이라 하였으니 이는 하나님이 내게 가인이 죽인 아벨 대신에 다른 씨를 주셨다(שָׁת [샤트]) 함이며"(창 4:25). 셋의 출생에 관한 묘사는 일견할 때 가인의 출생 묘사의 특징 몇 가지를 다시 보여

---

71 구약 성경 전체에서 '헤벨(הֶבֶל)'은 일반 명사로서 73회 사용되었는데, 그 가운데 36회는 전도서에서 사용되었다. 전도서 1장2절의 원문에서도 '헤벨(הֶבֶל)'은 다섯 차례 반복 사용된다. 그러나 '헤벨(הֶבֶל)'은 단순 나열되는 방식이 아니라 'הֲבֵל הֲבָלִים [하벨 하발림]'과 같이 최상급 방식으로 나열된다. 이는 '헛된 것들 중의 헛된 것'으로 직역될 수 있으며, '완전한 허무'로 의역될 수 있다. 원문(הֲבֵל הֲבָלִים אָמַר קֹהֶלֶת הֲבֵל הֲבָלִים הַכֹּל הָבֶל [하벨 하발림, 아마르 코헬레트 하벨 하발림 하콜 하벨])은 다음과 같이 번역될 수 있다. "완전한 허무로다!" 전도자가 말했다. "완전한 허무로다! 모든 것이 허무로다!"

72 Paul R. House., *Old Testament Theology*, (Downers Grove: InterVarsity Press, 1998), 471.

준다. 부부의 동침과 아이의 출산, 그리고 작명과 그 이름에 대한 설명이 바로 그것이다. '가인(קַיִן [카인])'이라는 이름을 '카나(קָנָה)' 동사와 관련 짓는 언어유희가 셋의 경우에도 사용된다. 이와 유사하게 '셋(שֵׁת [셰트])'라는 이름 역시 유사한 발음을 지니고, '두다' 또는 '놓다'라는 뜻을 지닌 동사 '샤트(שָׁת)'와 관련된다.

그러나 이 언어유희 속에는 커다란 반전이 나타난다. 그것은 가인의 경우 하와가 자신을 내세우며 한 말, 즉 '내가 창조했다'는 내용이 전적으로 사라진 것이다. 삶의 허무를 경험한 그녀 그리고 그의 남편은 새 생명이란 하나님께서 주시는(שָׁת) 선물이며, 새로운 생명의 창조는 하나님의 주도 가운데 이루어지는 위대한 사건임을 비로소 겸손히 고백한다. '가인이 죽인 아벨'이란 뼈아픈 고백은 어쩌면 자신들의 과거 행위에 대한 고백일 것이다. 하나님처럼 행하려 했던 자신들의 생각과 행동은 삶의 공허와 허무만을 남겼다. 그렇기 때문에 셋의 출생과 관련해 다시금 부부의 사랑을 나타내는 동침과 아이의 이름을 지어주며, 과거의 아픔을 돌이키며, 아이의 이름을 짓고 그 이유를 언급하는 일련의 묘사들은 그들이 이제 하나님의 주권을 인정하는 겸손함 속에서 새로운 소망을 품게 되었음을 들려주려는 것이 아닐까?

히브리어 돌아보기

בֵּן [벤]: 아들

אִישׁ [이쉬]: 남자, 사람, 남편

יָלַד [얄라드]: 그가 낳았다

וַתֵּלֶד [바텔레드]: 그리고 그녀가 낳았다

קָנָה [카나]: 그가 구입하였다, 그가 창조하였다

וְאִשָּׁה גְּרוּשָׁה מֵאִישָׁהּ [베이샤 게루샤 메이샤]: 그녀의 남편으로부터 이혼당한 여인

בְּשֵׁבֶט אֲנָשִׁים [베셰베트 아나쉼]: 사람들의 막대기로

הוֹלִיד [홀리드]: 그가 낳았다

נוֹלַד [놀라드]: 그가 태어났다

יֻלַּד [율라드]: 그가 태어났다

אֵל עֶלְיוֹן קֹנֵה שָׁמַיִם וָאָרֶץ [엘 엘룐 코네 샤마임 바아레쯔]: 천지의 창조주이신 지극히 높으신 하나님

קַיִן [카인]: 가인, 창조된 자

הֶבֶל [헤벨]: 아벨, 허무한 것

שֵׁת [셰트]: 셋

שָׁת [샤트]: 그가 놓았다

15장 |

갈대로 만든 방주

하나님의 구원이라는 거대한 역사를 기록하는 성경의 기록은 작은 자의 이야기로 시작하는 경향을 보일 때가 많다. 바벨탑 사건 이후, 온 인류를 향한 하나님의 구원의 역사는 늙도록 자식이 없었던, 그래서 미래를 향한 꿈도 비전도 품을 수 없었던 75세의 노인 아브람을 부르시며 시작된다. 그에게 주어졌던 하나님의 언약은 아브라함의 후손들, 역시 애굽의 노예로 전락해 억압 아래 있었던 보잘 것 없었던 이들을 기억하시고, 구하시는 사건으로 성취되기 시작한다. 후에 이스라엘이 숙적 블레셋에게 승리를 거두고, 명실상부한 이스라엘 제국으로 자리매김하는 사건은 다윗이라는 앳된 소년에게 기름을 붓는 사건에서 시작되었다. 즉 성경은 하나님과 함께함으로써 변화된 작은 자들의 이야기들로 가득하다고 해도 과언이 아니다.

그 가운데 하나님의 가장 위대한 구원의 역사 역시 동일한 패턴을 보여준다. 온 인류를 구속하기 위한 하나님의 가장 위대한 구원의 역사는, 하나님께서 직접 아무것도 스스로 할 수 없는 연약한 아기의 모습으로 이 세상에 나심으로 시작된다. 세상 속 영광스러운 자리와는 전혀 상관없는 베들레헴이라는 작은 마을, 그것도 아직 결혼도 하지 않고, 약혼만 한 젊은 남녀의 아이로 하나님의 아들은 이 세상에 나셨다. 포대기에 싸인 하나님의 아들이 이 세상에서 처음 잠든 장소는 말구유였다. 이는 "지극히 높은 곳에서는 하나님께 영광이요 땅에서는 하나님이 기뻐하신 사람들 중에 평화로다"라고 천사들이 선포한 영광의 모습과는 너무 대조적인 첫 번째 성탄의 현실이었다. 밤 중에 들에서 양을 치던 익명의 목자들에게 나타난 천사들이 그리스도의 탄생의 표적으로 제시한 것은 바로 "포대기에 싸여 구유에 뉘어 있는 아기"였다(눅 2:12). 동방에서 온 현자들이 목격했던 유대인의 왕으로 나신 이의 '별' 역시 그리스도의 탄생을 상징하는 표적으로 기능한다. 그러나 그 유대인의 왕이 태어난 곳은 예루살렘의 왕궁이 아니라 베들레헴이라는 작은 마을이었다.

하나님의 위대한 구원의 시작을 알리는 이 같은 예표는 구약 성경의 대표적 구원 사건인 출애굽 사건 속에서도 발견된다. 애굽에 거하던 이스라엘 자손은 강제 노역에 종사한 지 오래였고, 심지어 예수께서 태어나셨을 때 베들레헴에서 자행된 유아학살을 연상케 하는 애굽 왕의 잔인한 명령이 실행되고 있었다. 히브리인의 "아들이 태어나거든 너희는 그를 나일강에 던지고 딸이거든 살려두라!"(출 1:22)

그 같은 상황 속에서 레위 가족 중 한 남자가 같은 족속의 한 여인과 결혼을 한다. 성경은 자세하게 설명하지는 않으나 애굽 왕의 그 같은 잔혹한 명령을 내린 때는 이 부부에게 셋째 자녀가 태어나기 전으로 추정된다. 애굽 왕의 명령에도 불구하고 석 달 동안 그 아기를 숨겨 키웠으나, 더 이상 몰래 키우기가 불가능해져서 나일강 가 갈대 사이에 그 아이를 두었을 때 본문은 비로소 그의 누이가 있었음을 말한다(출 2:4). 후에 그가 하나님의 소명을 받았을 때에는 그에게 달변가인 형이 있었음이 비로소 밝혀진다(출 4:14). 이런 점들이 처음 그 아이의 출생 이야기 속에 제시되지 않는 것은 한편으로 모세라는 위대한 지도자의 출생에 집중하려는 성경의 문학적 의도 때문이며, 애굽 왕의 남아 학살 명령이 모세의 출생에 즈음해 내려졌음을 시사한다.

모세가 예언자로서, 출애굽의 지도자로서, 또한 하나님의 법률을 선포한 입법가이자 제의 제도를 설립한 인물로서 이스라엘 구원사 속에 차지하는 특별한 비중은 결코 간과될 수 없다. 그 같은 점은 모세의 출생이 특별한 사건이었음을 묘사하는 성경 본문의 증거, 즉 나일강 갈대 사이에 둔 그 아이를 애굽 공주가 양자를 삼았다는 이야기를 통해 이미 암시된다. 그러나 본문의 이러한 증거 외에도 그 속에 사용된 특별한 문학적 기교 역시 모세가 차지한 특별한 중요성을 강조한다. 그 첫 번째 기교는 앞에서 언급한 바와 같이 아기 모세가 첫 번째 자녀인 듯 묘사하고 있는 서술 방식이다. 그 부모의 결혼과 임신은 곧바로 아기 모세의 출생으로 이어진다. 이는 본문이 그 아이에게 집중하고 있음을 보여준다. 두 번째 기교는 아기 모세의 출생 이야기 속에서 오로지 모세의 이름만을 제시하는 방식이다. 모세를 출산했던 부부의 이름은 언급되지 않는다. 나일강 가 갈대 사이에 두 그 아기를 멀리 서서 지켜보고 있었던 누이의 이름 역시 언급되지 않는다. 더욱이 버려진 그 아이를 우연히 발견하고 양자를 삼았던 애굽의 공주의 이름 역시 나타나지 않는다. 오로지 언급되는 유일한 이름은 애굽 공주가 아이에게 준 '모세'라는 이름뿐이다.[73] 이 역시 전체 이야기가 진행되는 가운데 모세가 지닌 중요성을 강조하기 위한 문학 장치다.

세 번째 기교는 아기 모세를 위하여 "갈대 상자를 가져다가 역청과 나무 진을 칠하고 아기를 거기 담았다"라는 성경의 묘사이다. 이 묘사를 통

---

73 모세라는 이름의 의미에 관해서는 본서 5장을 참조하라.

해 무엇보다 두드러지는 점은 모세의 어머니가 보여준 지혜로운 행동이다. 애굽 왕의 명령에 의해서 히브리인에게 태어난 남자 아기들에게 나일강은 죽음을 당해야 하는 장소였다. 모세의 어머니는 그곳을 아이를 숨기고 보호하기 위한 장소로 선택했다. 아마도 애굽의 잔혹한 병사들은 그 죽음의 장소를 일일이 살펴보면서 확인하려 하지 않았을 것이다. 즉 어머니는 모세에게 그 죽음의 장소를 생명을 보호하는 장소로 선택하였는데, 이는 결과적으로 현명한 선택이었다. 또한 그녀는 아기를 갈대 상자에 넣어 숨기려 했다. 당시 애굽에는 어린아이들을 매장하기 위한 관으로 갈대 상자가 사용되었다는 주장이 있다. 이 주장이 정확한 것이라면 갈대 상자를 들고 가는 한 여인의 모습은 당시에 별다른 의심을 사지 않았거나 왕의 잔혹한 명령에 항거하지 못하는 노예의 비참한 상황 속에서 별다른 주목을 끌지 못했을 것이다.

이 같은 점들이 모세의 어머니가 보여준 현명한 행동의 측면이라면 성경의 본문은 독특한 단어의 선택을 통해서 독자들에게 그 표현이 지닌 또 다른 의미, 즉 구원의 상징성을 강조한다. 그 독특한 단어란 갈대로 만든 '상자'로 번역된 '테바(תֵּבָה)'이다. 구약 성경에서 '상자'의 의미로 사용되는 단어들로는 아르가즈(אַרְגַּז), 아론(אָרוֹן) 그리고 테바(תֵּבָה)가 있다. 아르가즈의 경우 성경 속에서 상당히 제한적으로 사용된 단어라 하겠다. 아벡 전투에서 블레셋은 대승을 거두고, 이스라엘 신앙의 상징인 여호와의 궤마저 빼앗았다(삼상 4:11). 블레셋은 전쟁에서는 승리했으나, 여호와의 궤로 말미암아 그들 앞에 기다리고 있었던 것은 하나님께서 내리신 일련의 엄청난 재앙이었다. 여호와의 궤를 아스돗의 다곤 신전에 두자 그들의 신상이 하나님 앞에 엎드러지고 사지가 끊어지는 일이 발생했다(삼상 5:3~5). 또한 하나님은 독한 종기로 아스돗과 그 주변 지역을 치셨다(삼상

5:6). 이 일로 인해 또 다른 블레셋 도시 가드로 여호와의 궤를 옮기자 그 곳 역시 동일한 재앙이 임했고, 다시금 에그론으로 옮겼으나 허사였다(삼상 5:9~10). 이 모든 재앙으로 인해 블레셋은 여호와의 궤를 수레에 싣고 속건제로 드릴 금으로 만든 금 쥐와 독종의 형상을 만들어 상자(אַרְגַּז [아르가즈])에 담아 그 궤 곁에 두자, 송아지들이 끄는 수레가 벧세메스로 올라갔다(삼상 6장). 바로 이 사건 속에서 블레셋이 만든 상자는 '아르가즈(אַרְגַּז)'로 표현된 반면, 여호와의 궤, 즉 언약궤를 가리켜서는 '아론(ארוֹן)'이 사용되고 있다.[74] 독특하게도 '아르가즈(אַרְגַּז)'는 블레셋이 여호와의 궤를 돌려보내는 사건 속에서만 제한적으로 사용되었다. 반면 '아론'은 하나님의 언약궤 외에 일반적인 상자의 의미로도 사용된 단어(왕하 12:9~10)로서 구약 성경 속에서 단연 상자를 뜻하는 대표적 단어이다. 그러므로 아기 모세를 넣은 갈대 상자라는 표현에는 이 '아론'이라는 단어가 사용되었을 것이라고 예상할 수 있다.

그러나 모세의 '갈대 상자'를 묘사하는 표현 속에서는 앞에서 언급한 '테바(תֵּבָה)'라는 히브리어가 사용되었다. 모세 이야기 속에서 이 단어가 선택된 것은 우연으로 보기 어렵다. 왜냐하면 구약 성경 가운데 이 단어는 단지 두 가지 사건에만 사용되었기 때문이다. 그 첫 번째 경우는 노아의 방주이며, 둘째가 바로 모세의 이야기이다. 그 외 구약 성경 어디에서도 이 단어는 사용되지 않았다. 이같이 그 단어의 제한적이며, 독특한 용례

---

74 상자를 뜻하는 히브리어 '아론(ארוֹן)'은 모세의 형인 '아론(אַהֲרֹן [아하론])'과 혼동되어서는 안 된다. 상자를 뜻하는 '아론(ארוֹן)'은 히브리어로 2음절인 반면, 모세의 형 아론(אַהֲרֹן [아하론])은 3음절의 단어이다. 한편 여호와의 궤는 '여호와의 언약궤(אֲרוֹן בְּרִית-יְהוָה [아론 브리트-아도나이], 신 10:8; 31:9; 수 3:3; 삼상 4:3)' '언약궤(אֲרוֹן הַבְּרִית [아론 하브리트], 수 6:6)' '여호와의 궤(אֲרוֹן יְהוָה [아론 아도나이], 수 6:6)' '하나님의 궤(אֲרוֹן אֱלֹהִים [아론 엘로힘], 삼상 3:3)' '증거궤(אֲרוֹן הָעֵדֻת [아론 하에두트], 출 25:22)' 등으로 표현된다.

는 노아가 방주(תֵּבָה [테바])를 통해 대홍수에서 하나님의 구원을 받았던 것처럼 그 상자(תֵּבָה [테바]) 속에 놓인 모세를 하나님께서 구원하실 것이라는 점을 예견케 한다. 또한 노아 시대에 발생했던 홍수가 인류의 역사 속 결정적 전환점을 이루었던 것처럼 모세를 갈대 상자에 넣어 나일강 갈대숲에 버린 사건은 이스라엘 민족의 역사 속 결정적 의미를 지닌 사건이 될 것을 예견케 한다.

그 결정적 의미를 지닌 사건은 당연히 이스라엘의 구원, 출애굽 사건을 지칭한다. 인류에 대한 심판 속 구원을 상징한 노아의 방주(תֵּבָה)처럼 모세를 넣은 갈대 상자(תֵּבָה)는 이집트에 대한 심판 속 이스라엘의 구원을 상징하는 예표로 기능하는 것이다.

이 단어가 그 두 가지 구원의 사건에 사용되었다는 점은 그 구원의 대표적인 특징을 이해할 수 있는 단서를 제공한다. 우리말 성경에서 노아가 하나님의 말씀대로 건조한 상자 '테바(תֵּבָה)'를 '방주(方舟)'로 번역한 것은 본문 이해를 돕기 위한 적절한 선택이라고 할 수 있다. 그러나 '방주'라는 단어의 의미가 '네모진 모양의 배'[75]임을 감안할 때 동시에 본문에 대한 적절한 이해를 방해하는 단어의 선택도 될 수 있다. '방주'는 네모진 외형을 특징으로 하는 배의 한 종류이기 때문이다. 이와 달리 노아의 경우는 물론 모세의 경우에도 '테바'가 의도하는 바는 배가 아니다. 그 단어는 방향을 바꿀 수 있는 조타 장치나 속도를 제어할 수 있는 동력 장치가 없는 상자를 뜻하기 때문이다. 물론 두 경우 모두 물이 스며드는 현상을 막기 위해 '테바'의 외부에 역청을 바르기는 했으나, 기본적으로 그것은 물의 흐

75 이에 대해서는 국립국어원 표준국어대사전을 참조하라. stdict.korean.go.kr/search/searchResult.do 참조.

름에 따라 떠다닐 수밖에 없는 단순한 상자였다. 단지 차이점이란 각각의 '테바'의 규모에 있었다. 노아가 건조한 '테바'는 길이 삼백 규빗, 너비 오십 규빗, 높이 삼십 규빗의 거대한 삼층의 구조물(창 6:15)로 노아의 가족과 온 땅의 생물들의 생명을 보존했다(창 6:18~19). 반면 모세의 친어머니가 갈대로 만든 '테바'는 아기 한 명 정도를 넣을 수 있는 크기로, 역시 그 아이의 생명을 보존하기 위한 상자였다. 두 경우 모두 '테바(תֵּבָה)'의 이동이나 그 목적지는 전적으로 하나님의 섭리에 의존해야만 했다. 즉 이 '테바'는 구원이 전적으로 하나님에 의해서 이루어지는 사건임을 나타내는 성경의 독특한 어휘 선택에 해당된다.

히브리어 돌아보기

תֵּבָה [테바]: 상자, 방주

אַרְגַּז [아르가즈]: 상자, 궤

אָרוֹן [아론]: 상자, 궤

אַהֲרֹן [아하론]: 아론

אֲרוֹן בְּרִית-יְהוָה [아론 브리트-아도나이]: '여호와의 언약궤'

אֲרוֹן הַבְּרִית [아론 하브리트]: '언약궤'

אֲרוֹן יְהוָה [아론 아도나이]: '여호와의 궤'

אֲרוֹן אֱלֹהִים [아론 엘로힘]: '하나님의 궤'

אֲרוֹן הָעֵדֻת [아론 하에두트]: '증거궤'

16장 |

'가르쳐 주소서' vs. '가르쳐 봐!'

창세기에는 에녹이라는 이름으로 불렸던 두 명의 인물이 소개된다. 한 명은 가인의 아들 에녹이며, 또 다른 한 명은 셋의 후손인 에녹이다. 가인 계열과 셋의 계열에 모두 이 이름을 한 인물이 등장한다는 것도 그렇지만, 그 두 인물과 관련된 이야기도 특별한 흥미를 불러일으킨다.

엄밀히 말해서 가인의 아들 에녹의 경우, 그 이름 외에 실제로 그가 어떤 삶을 살았는지에 대해 성경은 아무런 이야기도 들려주지 않는다. 오히려 그의 아버지 가인에 관한 짧은 형태의 이야기 속에서 에녹이 언급될 뿐이다. 동생 아벨을 죽인 인류 최초의 살인자라는 악명을 지닌 가인은 에덴 동쪽 놋 땅에 거주하였다(창 4:16). 그곳에서 가인은 아이를 낳았고, '에녹(חֲנוֹךְ [하노크])'이라는 이름을 붙였다. 독특한 점은 누가 아이에게 '에녹'이라는 이름을 주었는지 본문은 언급하지 않는다.[76] 작명

76 히브리어 원문(וַיֵּדַע קַיִן אֶת-אִשְׁתּוֹ וַתַּהַר וַתֵּלֶד אֶת-חֲנוֹךְ וַיְהִי בֹּנֶה עִיר וַיִּקְרָא שֵׁם הָעִיר כְּשֵׁם בְּנוֹ חֲנוֹךְ)을 직역하면 다음과 같다. "그리고 가인이 그의 아내와 동침하매 그녀가 임신하였고 에녹을 낳았다. 그리고 그는 성의 건축자가 되었으며, 그 성의 이름을 자기 아들처럼 에녹이라 불렀다." 셋의 자손인 '에녹'의 경우 역시 작명의 주체가 언급되지 않는다(창 5:18).

주체가 언급되지 않는 이유 하나는 소위 '에녹성'에 관한 언급 이후 본문이 '이야기'가 없는 간결한 형태의 족보로 이어지기 때문이다. 그 족보 속 명단은 "에녹(아버지)이 이랏(아들)을 낳고"라는 간단한 형식으로 구성되었다. 이와는 대조적으로 이야기 형식의 작명은 일반적으로 어머니가 임신하고 아이를 낳고 그 후 아버지 혹은 어머니가 아이에게 이름을 지어주는 형식을 보인다(cf. 창 4:1, 25; 21:3; 25:21~26 등). 이런 관점에서 볼 때 가인의 아들 에녹에 관한 본문은 간단한 형식의 족보와 짧지만 에피소드가 결합된 형태이다. 그 과정에서 에녹의 출생, 그리고 에녹성의 건축과 작명에 관한 에피소드는 족보의 양식 또한 사용했다. 그 결과 부부 관계, 아이의 임신과 출산은 이야기 형식을 따르는 반면, 아이의 이름에 관련된 부분은 족보의 형식을 사용함으로써 '그녀가 에녹을 낳았다'라는 짧은 언급이 만들어졌다.

가인의 아들 에녹의 이야기에서 비중을 차지하는 것은 그 이름 자체이다. 가인이 건축한 성에 아들의 이름을 따서 에녹이라고 명명했기 때문이다. 즉 성경에 따르면 가인이 건축한 성은 인류 역사상 최초로 사람의 이름을 따라 명명된 최초의 성이 되었고, 에녹이란 이름은 '최초의 성'이라는 특별함을 갖춘 이름이 되었다. 이와 유사하게 셋의 후손인 '에녹'에 관한 이야기 속에서도 특별함이라는 요소가 확인된다. 에녹의 인생이 지닌 상징성은 일찍이 신약 성경 유다서에서도 언급된다. 유다서에 따르면 에녹은 아담의 칠대 손이며, 가인의 길을 걸어간 이들에 대한 최후의 심판을 선포했던 예언자였다(유 1:15). 즉 셋 계열의 에녹이 성경에서 창조가 완성된 일곱 번째 날을 뜻하는 칠대 손이라는 점이 일찍부터 인식된 것이다. 또한 에녹이 지상에서 365세를 살았다는 점 역시 그의 삶에 특별한 상징성을 부여하였을 것이다. 365라는 수는 일 년을 구성하는 날수에 해당되기 때문이다. 그러나 무엇보다 그의 인생이 특별한 것이었음을 알려주는 점은 그가 하나님과 동행하였고, 하나님이 그를 데려가시므로 '세상에 있지 아니하였다'[77](창 5:24)는 본문의 증거이다. 이러한 묘사는 후에 묵시문학의 황금기에 '에녹의 서'[78]와 같은 묵시서들이 기록된 배경을 이룬다. 아담의 칠대 손이며, 지상에서 365년이라는 생애를 산 에녹, 그는 지상에서도 하나님과 동행하였고, 그로 인해 하나님은 그를 데려가셨다. 그러므로 그는 세상에 있지 않았다. 이 같은 해석의 기초를 이루는 점은 당연히 성경의 짧은 본문 속에서도 그가 '하나님과 동행하였다'는 두 차례에 걸친 구체적인 묘사이다(창 5장: 22장; 24장). 짧은 언급임에도 불구하고 이 묘사는 가인 계열의 에녹이라는 이름과 셋 계열의 에녹이라는 이름이 지닌 상이한 강조점을 분명하게 제시한다. '에녹 성'은 가인이 건축한 성으로 인해 주어진 인간의 '명성'이었다면 셋의 후손 '에녹'은 그 스스로가 겸손히 하나님의 뜻대로 행동함으로 하나님께서 그를 존귀하게 하심으로 '위로부터' 주어진 '명성'이라 할 것이다.

이러한 점을 토대로 그 이름 '에녹'이 의미하는 바를 살펴볼 때 본문의

---

77 "하나님이 그를 데려가시므로 세상에 있지 아니하였더라"는 표현(창 5:24)이 의도하는 바에 대해서 신약 성경 히브리서 기자는 "죽음을 보지 않고 옮겨졌으니 하나님이 그를 옮기심으로 다시 보이지 아니하였느니라"라고 해석한다. 구약 성경에서 "세상에 있지 아니하였더라(וְאֵינֶנּוּ [베에이네누])"라는 표현은 때로는 죽음을 지칭하는 완곡한 표현으로 '없어지다'는 의미로 사용되기도 하였다(창 37:30; 42:13, 32; 렘 31:15; 욥 8:22). 이러한 용례를 놓고 볼 때 "그가 세상에 있지 아니하였다(וְאֵינֶנּוּ [베에이네누])"는 표현이 지닌 또 다른 신학적 의미를 고려해 볼 수 있다.

78 제1에녹서에 따르면 하나님이 야렛의 아들 에녹을 데려갈 때 우주의 신비와 세상의 미래 그리고 인류 역사의 예정된 과정을 보았다. 제1에녹서의 1~36장을 '파수꾼의 서(Book of the watchers)'라고 부르는데 그 가운데 에녹은 중재자로서 타락한 천사들과 하나님을 중재하기도 하며, 파수꾼들의 파멸을 예견하며, 땅, 스올, 하늘 등에 관한 다양한 환상을 본다. 이에 관해서는 Martha Himmelfarb, *The Apocalypse: A Brief History*, (MA, Oxford: Blackwell Publishing, 2010).

의미를 보다 풍성하게 해석할 수 있는 단서를 발견하게 된다. '에녹'이란 이름(חֲנוֹךְ [하노크])은 동사 '하나크(חָנַךְ)'에서 유래한 이름이다. 이 동사는 구약 성경에서 두 가지 의미로 사용되었다. 첫째는 '가르치다' '훈련하다'는 의미이며(잠 22:6), 둘째는 '준공하다' 또는 '봉헌하다'는 의미이다(신 20:5; 왕상 8:63=대하 7:5). 에녹이란 이름은 이 가운데 두 번째 의미와 관련되었다고 주장된다.[79] 즉 에녹은 '봉헌된 자' 또는 '준공된 자'라는 뜻이다. 그리고 가인은 성의 완공을 기념하며, 그 성에 '준공된' 또는 '봉헌된'이란 의미를 지녔던 '에녹'이란 이름을 붙인 것으로 볼 수 있다. 그렇다면 가인은 무엇 때문에 자신의 아들에게 '에녹'이란 이름을 붙인 것인가? 그 구체적인 이유가 성경 본문 속에 제시되지는 않았으나 그럼에도 불구하고 그 이름이 완공된 성과 관련된 것으로 묘사되는 것은 그 의도가 무엇인지를 가늠하게 한다. 셋의 후손 에녹과 비교할 때 가인의 아들에 관한 짧은 이야기는 하나님을 전혀 언급하지 않는다. 단지 성의 건축이라는 세속적 분야의 성공만을 언급할 뿐이다. 즉 가인은 자신의 아들이 세상의 성공에 전념하며, 하나님과 관계없는 자신의 세계를 구축하는 데 전념하는 자가 되기를 원했을 것이다.

반면 앞에서 말한 바와 같이 셋의 후손 '에녹'의 삶과 계보를 언급하는 네 구절 가운데 두 구절 속에서 그가 '하나님과 동행하였다'는 점이 반복된다. 이와 같은 반복은 그의 아버지 야렛이 자신의 아들이 하나님께 바쳐진 자로서, 또는 하나님께 봉헌된 자로서 살아가기를 소망하면서 에녹이라는 이름을 붙여준 것이라고 추정할 수 있지 않을까? 즉 야렛은 건물을 하나님께 봉헌하듯이 자신의 아들을 하나님께 봉헌한 것으로 추정해

---

79 *HALOT, vol.1*, 333a.

볼 수 있을 것이다. 이러한 해석은 히브리어로 봉헌물이란 단어가 바로 그 동일한 동사에서 파생한 명사인 '하누카(חֲנֻכָּה)'라는 점[80]을 통해 강화될 수 있다. 결국 에녹이란 이름을 '완공'과 '봉헌'이란 의미와 관련해서 볼 때 가인은 그 봉헌의 대상을 세상으로 둔 반면, 셋의 후손 야렛은 하나님을 그 대상으로 하는 차이를 추론할 수 있다.

그러나 이러한 차이점은 주변 맥락에 비추어 추론된 것이라는 해석의 제한성을 지녔다는 비판을 받을 수 있다. 또한 '에녹'이란 이름 형태는 동사의 부정사 형태나 명령형으로 분류될 수 있으나, 수동 분사의 형태로 '받쳐진 자'나 '봉헌된 자'로 해석하는 데 있어서는 엄밀히 문법적 문제점을 지니고 있다. 이러한 문제점들을 해결하기 위해 우리는 또 다른 해석에 도전할 수 있다. 그것은 에녹이라는 이름 자체의 형태 분석을 통한 해석이다. 전술한 바와 같이 에녹이란 이름이 유래한 동사의 또 다른 의미는 '가르치다' '훈련하다'이다. 이 의미를 에녹에 적용하면 '하노크(חֲנוֹךְ)'라는 동사 형태는 '가르치소서!'라는 강한 명령형이 된다. 이에 따르면 야렛은 '가르치소서!'라는 그의 아들의 이름 '에녹'을 부를 때마다 하나님께 기도하고 간구하는 자세를 되새기며, 자신의 신앙적 정체성을 강화한 것으로 보인다. 삶의 매 순간 가운데 하나님의 뜻을 분별하기 위해서 하나님과 동행하며, 그 뜻을 알고자 기도하는 것이 소중함을 나타내는 것이 바로 그 이름 에녹, 즉 '가르치소서!'라는 이름이었다.

그렇다면 가인이 아들의 이름을 '에녹'으로 지은 점은 어떻게 설명할 수 있는가? 물론 그 이름 역시 '가르치소서'라는 의미로 해석된다. 그러나 그

---

80 이러한 의미로 사용된 용례는 다음과 같다. 민 7:10, 84, 88; 대하 7:9(제단의 봉헌); 시 30:1(성전의 봉헌); 느 12:27(성벽) 등.

의미는 전혀 다른 뉘앙스를 지녔다. 일찍이 하나님은 가인과 그의 예물을 받지 않으셨을 뿐만 아니라, 그로 인해 화를 내고 있는 가인에게 말씀하셨다. "네가 선을 행하면 어찌 낯을 들지 못하겠느냐 선을 행하지 아니하면 죄가 문에 엎드려 있느니라 죄가 너를 원하나 너는 죄를 다스릴지니라"(창 4:7) 이는 가인의 행동을 교정해 주시는 하나님의 가르침을 담은 말씀이다. '죄를 다스리라!'고 말이다. 그러나 그는 그 가르침을 따르지 않았고, 결국 자신의 동생 아벨을 죽이는 인류 최초의 살인자가 되고 만다. 이로 인해 가인이 "밭을 갈아도 땅이 다시는 그 효력을 주지 않을 것이며 가인은 땅에서 피하며 유리하는 자가 되리라"는 벌이 선포된다(창 4:12). 그는 한편으로 자신의 벌을 감수하는 것처럼 "주께서 오늘 이 지면에서 나를 쫓아내시온즉 내가 주의 낯을 뵈옵지 못하리니"라고 대답한다. 그러나 그이 주된 관심은 자신의 살인으로 인해 자신 또한 살해될지도 모른다는 미래의 위협에 집중할 뿐이다(창 4:14). 즉 자신에게 주어지는 하나님의 말씀의 핵심을 그는 정면으로 피하거나 교묘히 그 핵심을 벗어난다. 다시 말해 그는 당연하다는 듯이 하나님의 말씀과 가르침을 직·간접적으로 거부하는 태도로 일관했다. 그러한 그가 아들에게 '에녹'이라는 이름을 지은 행동과 그 의도는 이러한 그의 삶의 궤적에 비추어 보아야 하지 않을까? 겉으로는 '가르쳐주소서!'로 경건을 가장하고 있으나 속으로는 또다시 '가르쳐 봐!'를 외치고 있는 것이 아닐까? 이러한 해석이 가인이 하나님을 향해 품었던 너무나도 모독적인 태도를 제시하기 때문에 매우 당혹스럽지만 말이다. 그 기저에는 하나님의 어떤 가르침도 거부하겠다는 어리석은 완고함이 자리 잡고 있는 것이다.

히브리어 돌아보기

חֲנוֹךְ [하노크]: 에녹

חָנַךְ [하나크]: 그가 가르쳤다, 그가 훈련시켰다, 그가 준공했다, 그가 봉헌했다

וְאֵינֶנּוּ [베에이네누]: 그가 있지 않다

חֲנֻכָּה [하누카]: 봉헌물, 수전절

17장 |

가나안의 문화와 산천을 담은 이름들

특정 국가의 오랜 역사와 전통은 그 지역 사회 문화의 특징으로 구현되는 것은 물론 그 지역의 언어, 특히 지명이나 인명에 그 흔적을 남기기 마련이다. 우리나라 지명에서도 그와 같은 예들을 찾는 것은 어렵지 않다. 예를 들어 경기도(京畿道)라는 이름은 왕의 도성 주변 500리(약 200km) 이내의 땅을 의미하는 명칭으로서 우리나라에서 고려 시대부터 사용된 용어이다. 그 외 각 도의 이름은 그 지역의 주요 도시들의 머리글자를 합쳐서 만들어졌다. 예를 들어, 강원도는 강릉과 원주의 머리글자를 합쳐서 충청도는 충주와 청주를, 전라도는 전주와 나주를, 경상도는 경주와 상주를 합쳐서 만든 이름이다. 이러한 이름들은 전통적으로 각 지역의 중심지에 관한 정보를 담고 있다. 때때로 지명은 역사적 현실이나 지리적 특징들을 반영하기도 한다. 예를 들어, 천호동이라는 이름은 그 지역에 있는 집 1,000호와 관련되었다고 한다. 유사하게 고분다리는 과거 구부러진 다리가 있었음을 나타내며, 광나루는 과거 그 지역에 나루터가 있었음을 말해준다. 또는 감골, 대추골이나 미나리깡 같은 지명들은 그 지역의 대표 식생을 나타낸다.

물론 시간의 흐름과 함께 각 지명이 유래했던 원래의 환경이 변화되기도 하고, 다양한 원인으로 인해 인위적으로 지명에 변화를 주는 일 역시 적지 않다. 그러나 오랫동안 계속해서 사용된 이름들은 나름대로 그 지역의 과거 속 여러 분야에 걸친 일면들을 반영해 주는 역사적·지리적·문화적 거울로 기능한다.

성경 속에는 수많은 지명들이 수록되어 있기 때문에 동일한 현상들을 기대해 볼 수 있다. 특히 성경에 등장하는 이스라엘 지역 내의 많은 지명들은 오랜 역사 속에서도 거의 변화하지 않고 보존된 경향을 보인다. 여기에는 두 가지 이유가 있다. 첫째는 그 지역의 언어가 주로 셈어 계열이라는 점이었다. 히브리어 역시 북서 셈어에 속하기 때문에 여호수아의 지휘 아래 가나안을 정복했던 이스라엘 자손들은 상당 부분 과거의 지명을 수용하였다. 예를 들면 믿음의 조상 아브라함이 하나님의 말씀에 순종하여 가나안 땅에 들어갔을 때 제일 먼저 언급되는 지명이 세겜이다(창 12:6). 후에 여호수아가 가나안 정복과 분배를 끝낸 후 이스라엘 백성들과 더불어 여호와 하나님만을 섬기겠다고 언약을 맺은 곳이 세겜이었고(수 24:25), 애굽에서 가져온 요셉의 유골이 장사된 곳도 세겜이었다(수 24:32). 또한 솔로몬 사후에 이스라엘이 남북 왕국으로 분열되었을 때 북왕국 이스라엘의 초대 왕 여로보암이 수도로 삼았던 곳이 바로 세겜이었다(왕상 12:25). 북왕국의 수도가 디르사를 거쳐(왕상 14:17) 사마리아로 변경된 후(왕상 16:24)에 세겜의 정치적 중요성은 과거에 비해 약화되었지만, 그 지명은 북왕국의 멸망 후에도 계속해서 사용되었다(렘 41:5). 이렇듯 아브라함 시대에 사용되었던 세겜이라는 지명은 남왕국 유다가 멸망 당한 시대까지도 변함없이 사용되었음을 성경은 보여준다. 이는 기본적으로 그 지역의 구성원들이 사용했던 언어가 셈어에 속했기 때문이다.

둘째로 성경에 등장하는 이스라엘 지역 내의 많은 지명들이 오랜 역사 속에서도 거의 변화하지 않고 보존될 수 있었던 또 다른 이유는 그 지역 내 거주했던 민족들이 변화했음에도 불구하고 정착지 자체는 지속되었기 때문에 새로운 거주자들이 과거의 전통을 답습한 데서 찾을 수 있다. 인류가 자연환경을 극복하는 기술력을 갖추기 전까지는 과거의 정착지를 떠나 다른 곳에 이주하기가 몹시 어려웠다.[81] 그러므로 정복자 혹은 새로운 정착자들 역시 전통적인 정착지에 거주하였고, 과거의 지명을 그대로 사용했다. 물론 이스라엘에 의해 단으로 개명된 라이스(삿 18:29)나 헤브론으로 개명된 기럇아르바(창 35:27)와 같은 경우도 있으나, 그럼에도 불구하고 성경은 이스라엘의 정복 이전 가나안 시대의 지명부터 이스라엘 시대에 이르기까지 장구한 시대에 걸쳐 지속적으로 사용된 수많은 지명들을 수록하고 있다. 그와 같은 지명들이 가리키는 의미를 이해하는 것은 직·간접적으로 그 지명들이 전제하는 고대 문명의 흔적들과 이스라엘 지역의 다양한 특성들을 이해할 수 있는 안목을 제시하며, 더불어 성경 본문에 대한 이해의 폭을 넓혀 주리라 판단된다.

성경에 수록된 모든 지명을 일일이 분석하고, 그 의미를 제시하는 것은 지면의 제약상, 또한 필자의 역량에 비추어 볼 때 쉽지 않은 방대한 작업이다. 그러므로 이하에서는 몇 가지 범주로 구분될 수 있는 지명들의 대표

---

81 이스라엘의 가나안 정복에도 불구하고 새 정착지들은 항상 옛 정착지 근처에 건축되었고, 옛 이름은 보존되었다. 이는 정착지 선정에 있어서 다음의 네 가지 요건을 충족시키는 새로운 정착지를 발견하기가 쉽지 않았기 때문이다. 정착지 선정과 그 지속을 위한 조건으로는 첫째로 정착지를 방비할 수 있는 지형적 조건(작은 구릉), 둘째로 안정적 수원의 확보, 셋째로 경제 활동을 위한 도로망의 구비, 넷째로 정착지 인근의 농지이다. 이에 관해서는 Y. Aharoni, Tr. By A.F. Rainey, *The Land of the Bible: A Historical Geography*, (Philadelphia: The Westminster Press), pp. 105~107.

적인 예를 살펴봄으로써 성경 본문이 제시하는 이스라엘 지역을 간접적으로 경험할 수 있도록 성경 해석자들의 지평을 넓히는 데 작은 도움이 되고자 한다.[82]

1) 신전을 뜻하는 '베이트(בֵּית)'

먼저 이스라엘의 배경이 되는 가나안 지역 내 지명 분류에 있어서 두드러진 종교적 요소로 분류될 수 있는 '바이트(בַּיִת)'와 결합된 지명들이 하나의 범주를 구성할 수 있다. '바이트(בַּיִת)'는 일반적으로는 '집(창 33:17; 삿 11:31, 34)' '거주 장소(욥 17:13; 30:23; 겔 1:27[불이 거하는 장소]; 욥 8:14[거미집] 등)' '가족의 구성원(창 7:1; 출 2:1 수 24:15; 삼상 27:3)' 등을 뜻하나 그 뒤에 오는 신명과 결합될 경우 '특정한 신의 집,' 즉 '신전'을 뜻하게 된다. 이 경우 연계형으로 사용된 '바이트(בַּיִת)'는 일반적으로 모음의 변화를 거쳐 '베이트(בֵּית)'로 발음된다.

이와 관련한 대표적인 예가 바로 벧엘이다. 야곱이 한편으로는 분노한 에서를 피해서, 다른 한편으로는 외삼촌 라반의 딸 중에서 아내를 맞이하기 위해 밧단아람으로 떠난다. 여행 중 한 곳에 이르러 자리를 잡고 잠들었는데, 꿈속에서 하늘에 닿은 사다리와 천사들을 보게 되었고, 또한 하나님께서 아브라함과 이삭과 맺으셨던 언약의 계승자로 선택받는다(창 28:10~15). 잠에서 깬 야곱은 그곳이 "다름 아닌 하나님의 집(בֵּית אֱלֹהִים [베이트 엘로힘])이요 이는 하늘의 문이로다"라고 고백한다(창 28:17). 아침에 야곱은 그곳 이름을 벧엘(בֵּית-אֵל [베이트-엘])이라고 하였다(창 28:19). 하

---

82 이하에 수록된 지명의 분류는 Y. Aharoni의 *The Land of the Bible: A Historical Geography* pp. 108~111을 토대로 작성하였음을 밝힌다.

나님의 집은 곧 하나님의 전, 성전을 뜻한다. 이와 유사한 구조를 지닌 지명들로서 다른 신들의 이름과 결합된 예들은 다음과 같다.

벧다곤(בֵּית דָּגוֹן [베이트 다곤], 수 15:41; 19:27): 블레셋 사람들의 신 '다곤'과 '바이트(בַּיִת)'가 결합된 지명이다. 동일한 표현 '벧 다곤(בֵּית דָּגוֹן)'이 사무엘상 5장 2절에서는 지명이 아닌 일반 명사로 사용되었고, 이 단어는 한글 성경에서는 '다곤 신전'으로 번역되었다.

벧하람(בֵּית הָרָם [베이트 하람], 수 13:27): 높으신 자의 신전으로 직역될 수 있는 이 지명은 민수기 32장 36절에서는 벧 하란(בֵּית הָרָן [베이트 하란])으로 표기되기도 하였다. 이는 '산당'을 의미하는 것[83]으로 해석된다.

벧호론(בֵּית-חוֹרֹן [베이트 호론]): 호론 신의 신전을 뜻하는 지명으로서 에브라임 지파에 있는 두 도시, 즉 아래 벧 호론(בֵּית-חוֹרֹן תַּחְתּוֹן [베이트-호론 타흐톤], 수 16:3; 18:13; 왕상 9:17; 대하 8:5)과 윗 벧 호론(בֵּית חוֹרֹן עֶלְיוֹן [베이트 호론 엘욘], 수 16:5; 21:22; 대하 8:5)을 뜻한다.

벧아낫(בֵּית-עֲנָת [베이트 아나트], 수 19:38; 삿 1:33): 전쟁의 여신이자 미의 여신인 '아나트 여신의 신전'을 뜻한다.

벧산(בֵּית-שְׁאָן [베이트 쉬안], 삼상 31:10, 12; 삼하 21:12): 뱀신인 샤한(Šaḫan)[84]의 신전을 뜻한다. 이 지명은 '베이트-샨(בֵּית-שַׁן)'으로 표기되기도 하였고(삼하 21:12), 동일한 지명이 우리 한글 성경에서는 벧 스안으로 음역되기도 하였다(수 17:11, 16; 삿 1:27; 왕상 4:12; 대상 7:29).

벧세메스(בֵּית שֶׁמֶשׁ [베이트 쉐메쉬]): 태양신의 집(신전)을 뜻하는 이 지

83 *HALOT*, vol.1, 128b.
84 *HALOT*, vol.1, 129a.

명은 이스라엘 여러 지역에서 발견된다. 즉 납달리 지파 내 벧 아낫 근처(수 19:38; 삿 1:33), 유다 지파 내 예루살렘 서쪽 24킬로 지점(수 15:10; 21:16; 삼상 6:9, 12, 15; 왕상 4:9; 왕하 14:11), 그리고 잇사갈 지파 내 벧산 근처 요단강변(수 19:22)에 벧 세메스라는 지명의 성읍이 나타난다. 심지어 예레미야는 애굽의 벧 세메스에 있는 석상들에 대한 하나님의 심판을 선포하였는데(렘 43:13), 이는 후에 헬리오폴리스로 알려진 이집트의 온을 가리킨다(창 41:45, 50; 46:20). 가나안 지역 안에 벳 세메스라는 지명이 다수 존재한다는 점은 태양신 제의가 일찍부터 성행했으며, 이는 이집트의 통치로 인한 결과물로 추정된다.

이러한 유형 가운데 고대 이스라엘의 신앙에 커다란 위협이었던 '바알 신'과 관련된 지명을 빼놓을 수 없다. '바알'과 관련된 지명은 다양한 형태로 등장하고 있는데, 각각의 유형은 다음과 같다.

벧바알 므온(בֵּית בַּעַל מְעוֹן [베이트 바알 므온]): 마온의 바알의 신전을 뜻하는 이 지명(수 13:17)은 후에 간략하게 바알 므온이라고 부르게 되었다(민 32:38; 겔 25:9; 대상 5:8). 이 지역은 처음에는 르우벤 지파의 소유였으나 후에 모압에게 빼앗겼다. 이 지역은 현재 마다바 남서쪽 7킬로 지점의 마인(Maʿīn)으로 동일시된다.

벧 바알 므온이 후에 간략하게 바알 므온 형태로 사용된 예가 제시하듯이 바알과 관련해 신전을 뜻하는 '베이트(בֵּית)'가 생략된 것으로 추정되는 다양한 지명들을 성경에서 발견할 수 있다. 이 경우 바알 므온과 같이 바알 뒤에 지명이 뒤따르는 경향을 보인다.

바알 갓(בַּעַל גָּד [바알 가드]): 가드의 바알(의 신전)을 뜻한다(수 11:17; 12:7; 13:5).

바알 하솔(בַּעַל חָצוֹר [바알 하쪼르]): 하솔의 바알(의 신전)을 뜻하며, 벧엘의 북동쪽 8킬로 지점에 있다(삼하 13:23).

바알 브올(בַּעַל-פְּעוֹר [바알 프오르]): 브올의 바알(의 신전)을 뜻하며(민 25:3, 5; 신 4:3, 호 9:10), 때로는 벳 브올(בֵּית פְּעוֹר [베이트 프오르])로 표기되었다(신 3:29; 4:46; 34:6; 수 13:20). 이 지역은 현재 사해 북단에서 동쪽으로 20킬로 지점에 위치한 키르베트 아윤 무사(Kh. ʿAyūn Mūsa)로 규명된다.

바알 헤르몬(בַּעַל חֶרְמוֹן): 헤르몬의 바알(의 신전)을 뜻한다(삿 3:3; 대상 5:23).

바알 스본(בַּעַל צְפוֹן [바알 쯔폰]): 축자적으로는 짜폰의 바알(의 신전)을 뜻하며(출 14:2, 9, 민 33:7) 이집트의 나일 삼각주 동쪽에 위치한 지역으로 타니스로 규정된다. 우가리트에서 발굴된 문헌에 따르면 짜폰은 우가리트 북쪽의 산으로서 최고의 신이 거하는 장소로 간주되었다.

그 외에 바알과 결합된 지명으로 에브라임 산지 서쪽 비탈에 위치한 바알 살리사(בַּעַל שָׁלִשָׁה [바알 샬리샤], 왕하 4:42), 그리고 종려나무(תָּמָר [타마르])와 관련된 지역으로 추정되는 바알다말(בַּעַל תָּמָר [바알 타마르], 삿 20:33)이 있다.

'바알'과 관련된 지명으로서 '신전'을 뜻하는 '베이트(בֵּית)'가 생략된 이상의 예들과 유사하게 신명들만 남은 지명들의 예도 구약 성경에서 발견할 수 있다.

여리고(יְרִיחוֹ [예리호]): 여리고라는 이름은 달을 뜻하는 '야레아흐(יָרֵחַ)'에서 유래한 지명으로서(민 22:1; 수 2:1) 달의 도시, 내지 달 신의 신전을 뜻하는 '베이트 예리호(בֵּית יְרִיחוֹ)'를 의미했을 것이다.

아나돗(עֲנָתוֹת [아나토트]): 벤야민 지파 내 레위인의 성읍이었던 아나돗(수 21:18; 왕상 2:26; 사 10:30) 역시 '베이트 아나토트(בֵּית עֲנָתוֹת)'가 축약된 형태로 추정된다. 그 원래의 의미는 '위대한 아나트 여신의 신전'이다. 이 아나돗은 유다 왕국의 멸망을 선포했던 예언자 예레미야의 고향이기도 하다(렘 1:1).

아스다롯(עַשְׁתָּרֹת [아쉬타로트]): 아스다롯 역시 가나안 족속들이 섬기던 풍요와 번영의 여신 아스다롯(עַשְׁתֹּרֶת [아쉬토레트], 왕상 11:5, 33)과 관련된 지역명이다(신 1:4, 수 9:10; 12:4; 13:12, 31; 대상 6:56). 모세가 므낫세 지파에게 준 땅으로서(수 13:31) 후에 레위 지파의 도시가 되었다(대상 6:71 cf. 수 21:27의 브에스드라).

이와 같은 예들이 제시하듯이 이스라엘의 입성 이전 가나안 족속들이 섬기던 여러 신들의 이름과 신전을 뜻하는 '베이트(בֵּית)'가 결합된 많은 지명들이 성경 속에 수록되었다. 특이한 현상이라면, 이스라엘의 하나님의 이름 '여호와(יהוה)'와 결합된 지명은 등장하지 않는다는 점이다.

2) 인명 또는 부족명이 지명이 된 경우

지명 가운데 이스라엘의 인명이나 지파 이름이 그 자체로 혹은 다른 요소들과 결합되어 지명을 형성하기도 하였다. 그러므로 이러한 유형의 지명들은 이스라엘 시대에 와서 등장한 것으로 추정된다. 그러한 예들은 다음과 같다.

엘론벧하난(אֵילוֹן בֵּית חָנָן [엘론 베이트 하난]): 이 지명은 '하난 족속의 숫

양'을 뜻하며, 벧 세메스 근처에 위치했다(왕상 4:9). 성경에는 하나님의 사람 하난(렘 35:4), 느디님 사람의 자손 하난(느 7:49), 맛다냐의 손자 살굴의 아들 하난(느 13:13), 다윗의 용사 중 마아가의 아들 하난(대상 11:43) 등 하난이라는 이름을 가진 많은 인물들이 등장한다(느 8:7; 10:11, 23, 27; 대상 8:23, 38; 9:44).

벧아스마웻(בֵּית-עַזְמָוֶת [베이트-아즈마베트]): 벤야민 지파 내의 지명인 벧아스마웻은 사울 가문의 자손의 이름에서 유래하였다(대상 8:36). 그의 두 아들 여시엘과 벨렛은 다윗이 시글락에 피신했을 때 그에게 와서 싸움을 도운 용사들이기도 했다(대상 13:3). 아스마웻이란 이름(느 7:28; 12:29)은 '치명적으로 강한' 또는 '죽음은 강하다'는 의미를 지녔다.

아나냐(עֲנַנְיָה [아나느야]): 베냐민 지파 내 도시인 아나냐는 구약 성경에 1회만 등장한 지명으로서(느 11:32) 느헤미야의 지도 아래 성벽을 건축했던 베냐민 지파 출신 아사랴의 선조 이름(느 3:23)에서 유래한 것으로 보인다. 그 이름은 '여호와께서 나를 들으셨다' 또는 '여호와께서 내게 응답하셨다'를 뜻한다. 예루살렘 북서쪽 6킬로 지점에 위치한 이 도시는 칠십인역본에서는 '베타니아(βηθανια)' 즉 베다니로 음역되었다.

벧 벨렛(בֵּית פֶּלֶט [베이트 팔레트]): 브엘세바 근처 네게브에 위치한 도시를 지칭하는 이 지명은 갈렙 족속에 속한 벨렛(פֶּלֶט [펠레트], 대상 2:47)와 관련된 것으로 추정된다(수 15:27; 느 11:26).

브네브락(בְּנֵי-בְרַק [브네이-브라크]): 구약 성경에 한 차례 등장하는 이 지명은(수 19:45) 드보라와 함께 활동했던 사사 바락과 관련된 것으로 추정할 수 있다(삿 4:6~22; 5:1, 12, 15). 브네브락이란 지명은 '바락의 자손들'을 뜻한다.

3) 지형에 대한 설명인 지명

성경에 수록된 지명 중에는 그 지역의 자연과 그 주변 환경의 대표적인 특징을 설명하는 것들도 많다. 특히 특정 지역의 지형적인 특징이 그 지역명이 되는 경우들을 쉽게 확인할 수 있다. 그 같은 유형에 속한 구체적인 지명들을 간략히 살펴보면 다음과 같다.

기브아(גִּבְעָה [기브아]) 계열: 기브아(גִּבְעָה)는 일반적으로는 언덕을 뜻하나, 종종 종종 '산'의 의미로도 사용된다. 기브아는 '게바(גֶּבַע)'의 여성형으로서 남성형 '게바'에 비해 훨씬 자주 사용된다. 이 이름을 구성하는 어근(גבע)을 사용해 만들어진 지역의 특징은 당연히 언덕이나 산지와 같은 특징을 지녔다. 이 어근을 사용한 지명으로는 '게바(גֶּבַע [게바], 수 18:24),' 기브아(수 15:57), 기브온(גִּבְעוֹן, 수 9:3), 깁브돈(גִּבְּתוֹן [깁브톤], 수 19:44; 왕상 16:15)가 있다.

라마(רָמָה [라마]) 계열: 지명 '라마'의 어근을 이루는 히브리어 '롬(רום)'은 기본적으로 '높다' 또는 '높은 곳에 도달하다'는 의미를 지녔다. 그러므로 여기서 파생된 '라마'라는 명사는 일반적으로 고원 지대를 가리킨다.[85] 이스라엘이 가나안 땅 가운데 거했던 대부분 지역이 산악 지대였기 때문에 각각의 지파에는 라마라는 지명을 사용한 지역들이 있었다. 즉 베냐민 지파의 라마(수 18:25), 아셀 지파의 라마(수 19:29), 에브라임 지파의 라마(삼상 1:19), 시므온 지파의 라마 곧 네겝의 라마(수 19:8)와 같이 많은 지역에서 그 이름이 사용되었다.

동사 '짜파(צָפָה)'에서 파생된 지명들: 동사 '짜파(צָפָה)'는 '망을 보다'(창

---

85 *HALOT, vol.2*, 1240b.

31:49), '정찰하다'(삼상 14:16; 삼하 13:34; 18:24; 왕하 9:17, 20)를 뜻하는 동사이다. 그러므로 여기서 파생한 지명인 미스바(מִצְפָּה [미쯔파], 삿 20:1)와 북동부 네겝에 위치한 스밧(צְפַת [쩨파트], 삿 1:17) 등의 지명은 관측과 전망이 용이한 전략적으로 중요한 지형을 지칭한다. 그 결과 미스바 또는 미스베(מִצְפֶּה [미쯔페])라고 불린 지명은 길르앗 내(창 31:49; 삿 10:17; 11:11, 34; 호 5:1) 벤야민 지파 내(삿 20:1, 3; 21:1, 5, 8; 삼상 7:5~16; 10:17), 유다 지파 내 라기스 근처(수 15:38), 갓 지파 내(수 13:26; 삿 11:29), 모압 내(삼상 22:3)에서 발견된다.

'쭈르(צוּר)'에서 파생된 지명: 히브리어 '쭈르(צוּר)'는 '바위' '암석' '반석'을 뜻하는 단어로서(출 17:6; 신 8:15) 숨을 수 있는 장소(출 33:22; 사 2:10, 19)로 또는 예물을 드리는 장소(삿 6:21; 13:19)로서의 바위나 반석을 뜻하기도 한다. 무엇보다 바위를 뜻하기 때문에 이 '쭈르'는 은유적으로는 보호와 안전 그리고 피난처의 장소를 뜻하며(시 27:5; 61:2), 보다 엄격한 의미로 예루살렘 제의 공동체의 전통과 관련해 하나님을 뜻하기도 한다(신 32:4, 18, 37; 삼상 2:2; 삼하 22:32; 사 44:8; 합 1:12). 안전한 장소라는 의미를 토대로 '쭈르(צוּר)'와 관련된 지명은 철저한 방비를 갖춘 요새를 가리키게 된다. '쭈르(צוּר)'를 사용한 대표적인 지명은 두로(צֹר [쪼르])이다. 두로는 원래 페니키아 해안에 인접한 섬이었기에 지정학적으로 천연의 요새였고, 일찍부터 해상 무역을 통해 부를 축적했던 부요한 국가였다. 두로는 그 축적한 부로 인해 하나님의 위치에 오르려는 교만의 대명사로 예언자의 지탄의 대상이 되기도 하였다(겔 28:2; 사 23:8). 헤브론 북쪽 7킬로 지점에 위치한 벧술(בֵּית-צוּר [베이트-쭈르], 수 15:58; 느 3:16; 대상 2:45; 대하 11:7) 역시 요새라는 강한 이미지를 지닌 지명이다.

기타 지형과 관련된 지명들: '쭈르(צוּר)'와 유사한 용법으로 사용되는 단어가 바위와 암석을 뜻하는 히브리어 셀라(סֶלַע)이다(삿 15:13; 삼상 23:25; 시 40:2). 이 단어는 벼랑과 절벽의 의미도 지니고 있으며(민 24:21; 사 42:11; 렘 23:29; 48:28; 암 6:12), 하나님에 대한 은유로 사용되기도 한다(삼하 22:2; 시 31:3; 42:9; 71:3). 그러므로 이 단어가 붙은 지명은 커다란 암석 지대라는 특징을 가진 지역이라 하겠다. 이 단어를 지명으로 사용하는 지역은 에돔(삿 1:36), 모압(사 16:1), 벤야민 지파(삿 20:45, 47; 21:13)에서 발견된다.

때로는 계곡이나 산 사이에 위치한 평야를 뜻하는 '에멕(עֵמֶק)'이 지명이 되기도 한다. 아셀 지파 내의 벧에멕(בֵּית הָעֵמֶק [베이트 하에멕])이 그와 같은 경우이다. 도시 내 광장을 뜻하는 르호브(רְחוֹב)에서 파생한 르호봇(רְחוֹבוֹת [르호보트])라는 지명은 넓은 나대지를 뜻한다. 이 때문에 르홉이나 르호봇을 딴 많은 지명이 팔레스타인에 나타났다.

4) 농업상의 관심이 만든 지명

농업을 그 기반으로 하는 정착 생활은 토질의 특성에 대한 관심을 불러일으켰다. 더욱이 사해의 경우에서 알 수 있듯이 가나안 땅 가운데 적지 않은 부분이 소금기가 강한 토양을 구성했기 때문에 사해 근처에는 르우벤 지파에 속한 벧여시못(בֵּית הַיְשִׁמוֹת [베이트 하예쉬모트]), 즉 '황폐한 장소'를 뜻하는 지명마저 있었다. 반면 좋은 토양 역시 그 지역을 가리키는 지명으로 사용되었다. 그와 같은 예로서는 돕(טוֹב [토브], '좋은' '선한,' 삿 11:3, 5), 나아마(נַעֲמָה [나아마], '사랑스러운' '즐거운,' 수 15:41), 사빌(שָׁפִיר [샤피르], '잘' '훌륭한' '기분 좋은,' 미 1:11), 디르사(תִּרְצָה [티르짜], '기쁨' '아름다움,' 수 12:24; 왕상 15:21, 33; 16:6; 왕하 15:14) 등이 있다.

지역의 대표적 산물이 그 지역을 나타내는 지명이 된 경우도 있다. 사사

입다가 무찔렀던 암몬 자손의 성읍 '아벨 그라밈(אָבֵל כְּרָמִים [아벨 크라밈])'은 '포도밭 곁의 시내'를 뜻한다(삿 11:33). 예루살렘과 베들레헴 사이에는 '포도원 집'을 뜻하는 '벧 하게렘(בֵּית הַכֶּרֶם [베이트 하케렘])이 위치했다(렘 6:1; 느 3:14). 잇사갈 지파 내의 엔 가님(עֵין-גַּנִּים [에인-가님])은 '정원들의 샘'을 뜻하며(수 19:21; 21:29), 특정 지명이 '엔' 또는 '아인'으로 시작한다면 그곳은 샘이 있음을 의미한다. 이와 유사하게 브엘세바(בְּאֵר שֶׁבַע [브에르 샤바])와 같이 우물을 뜻하는 '브에르(בְּאֵר)'가 지역명을 구성하기도 한다. 아벨 그라밈의 경우에서 볼 수 있듯이 아벨은 '시내'를 뜻하며, 블레셋에 패배해 하나님의 법궤마저 탈취당했던 비극적 패배의 장소 '아벡(אֲפֵק [아페크])'은 물이 흐르는 계곡의 가장 깊은 바닥을 뜻하는 히브리어 '아피크(אָפִיק)'와 관련이 있다. 즉 그곳은 풍부한 물이 흐르는 지리적 특징을 지닌 것이다.

농업을 위한 주요 시설이나 도구가 지명이 된 경우도 있다. 타작마당을 뜻하는 '고렌(גֹּרֶן)'이 '아닷 타작 마당(גֹּרֶן הָאָטָד [고렌 하아타드], 창 50:10),' 또는 '기돈의 타작 마당'(גֹּרֶן כִּידֹן [고렌 키돈], 대상 13:9)과 같이 지명을 구성하였고, 포도주를 짜는 틀을 의미하는 '가트(גַּת)' 역시 그 자체로 지명이 되기도 했다. 다윗이 승리했던 전사 골리앗의 고향은 바로 이 포도주 틀을 의미하는 '가드(גַּת)'가 한글로 음역된 것이다. 예수님께서 붙잡히기 전에 "나의 원대로 마시옵고 아버지의 원대로 하옵소서"(마 26:39)라고 기도하셨던 겟세마네는 감람유 틀을 뜻하는 '가트 쉬마님(גַּת שְׁמָנִים)'의 헬라식 음역이다(마 26:36).

5) 특별한 건축물을 기념하는 지명들

우리나라 서울에도 흥인지문의 이름을 따서 동대문구, 보신각 종을 따서 만든 종로구와 같은 지역명이 있듯이 성경에서도 지역에 세워진 특별한 건축물을 기념하는 지명들을 발견할 수 있다. 천막으로 세운 원형의 진을 기념하는 돌(דּוֹר 또는 דֹּאר [도르], 수 11:2; 12:23; 17:11; 삿 1:27 왕상 4:11), 두 개의 진영을 뜻하는 마하나님(מַחֲנַיִם, 창 32:2; 수 13:26; 21:38), 초막을 뜻하는 숙곳(סֻכֹּת [쑤코트], 창 33:17; 수 13:27; 왕상 7:46), 넓은 뜰과 광장을 뜻하는 '하쩨르(חָצֵר)'에서 유래한 하솔(חָצוֹר [하쪼르], 수 11:1; 삿 4:2; 삼상 12:9; cf. 느 11:33) 등은 이에 해당된다.

지명으로 사용된 건축물들 중 적지 않은 것은 요새와 관련된 구조물이다. 망대를 뜻하는 미그달(מִגְדָּל)은 몇 가지 다른 요소들과 결합해 지명으로 사용되었다. 납달리 지파 내 '믹다렐(מִגְדַּל-אֵל [미그달-엘], 하나님의 망대, 수 19:38),' 유다 지파 내의 '믹달갓(מִגְדַּל-גָּד [미그달-가드], 갓의 망대, 수 15:37),' 베들레헴 근처의 '에델 망대(מִגְדַּל-עֵדֶר [미그달-에데르], 창 35:21),' '세겜 망대(מִגְדַּל-שְׁכֶם [미그달-쉬켐], 삿 9:46, 49)' 등이 여기에 속한다.

담을 뜻하는 '가데르(גָּדֵר)' 역시 여러 가지 형태로 지명에 사용되었는데, 그데라(גְּדֵרָה, 수 15:36), 그돌(גְּדֹר [그도르], 대상 4:39), 그데로다임(גְּדֵרֹתַיִם [그데로타임], 두 개의 담, 수 15:36), 벧가델(בֵּית-גָּדֵר [베이트-가데르], 대상 2:51)와 같은 형태의 지명이 이에 해당된다. 또한 성문을 뜻하는 '샤아르(שַׁעַר)'가 지명으로 사용된 사아라임(שַׁעֲרַיִם [샤아라임], 두 개의 성문, 삼상 17:52)이나 거리를 뜻하는 르호브(רְחֹב)가 지명으로 사용된 경우도 있다(민 13:21).

6) 동식물의 이름이 들어간 지명들

성경에는 가나안 지역에 서식하는 다양한 동물이나 식물의 이름을 반영한 다양한 지명들 역시 수록되어 있다. 이러한 지명들은 일차적으로 그 지역의 자연환경을 간접적으로 경험할 수 있는 단서를 제공한다. 나아가 지명은 환경의 변화에도 불구하고 오랜 기간 계속해서 사용되기 때문에 가나안 시대부터 사용된 지명의 경우 이스라엘이 가나안에 출현하기 이전 자연환경을 재구성할 수 있는 실마리를 제공한다고 하겠다.

동물들의 이름이 들어간 지명:

동물의 이름이 들어간 지명들의 몇 가지 예는 다음과 같다. 다윗왕의 허락 없이 스스로 왕이 되고자 했던 아도니야가 향연을 베풀고 사람들을 초대했던 곳은 소헬렛 바위(אֶבֶן הַזֹּחֶלֶת [에벤 하조헬레트])였다(왕상 1:9). 그 장소 '에벤 하조헬레트'는 '뱀의 돌'을 뜻한다. 단 자손이 제비 뽑은 지역 가운데 아얄론(אַיָּלוֹן, 수 19:42)은 수양을 뜻한다. 베냐민 지파의 남쪽 경계상에 위치한 벧 호글라(בֵּית-חָגְלָה [베이트-호글라], 수 18:19)는 '메추라기의 집'을 뜻한다.

흥미롭게도 동물의 왕이라 하는 사자 역시 지명으로 사용되었다. 네겝 지역에는 '사자의 집'을 뜻하는 '벧 르바옷(בֵּית לְבָאוֹת [베이트 르바오트])'이라는 지명이 등장한다(수 19:6). 단 지파가 정복했던 라이스(לַיִשׁ [라이쉬], 삿 18:29)는 수사자를 뜻하며, 새끼 암사자를 뜻하는 그비라(כְּפִירָה, [크피라])라는 지명도 베냐민 지파에 속한 도시 명단 가운데 등장한다(수 18:26; 스 2:25; 느 7:29). 또한 '표범의 거처'를 뜻하는 '벧니므라(בֵּית נִמְרָה [베이트 님라], 민 32:36; 수 13:27)'는 사자 외에 다른 육식 동물 역시 가나안 지역에 존재했음을 제시해 준다. 모압에도 '표범들'을 뜻하는 '니므림(נִמְרִים [님림])'이라는 지명이 있음은 이러한 점을 보충해준다(사 15:6; 렘 48:34). 물론 강력한 육식 동물 외에도 '여우의 뜰'을 의미하는 하살수알(חֲצַר שׁוּעָל

[하짜르 슈알], 느 11:27) 같은 지명은 여우와 같은 육식 동물도 서식했음을 제시한다. 또한 아드마와 함께 등장하는 스보임(צְבֹיִים [쯔보임], 창 10:19; 14:2; 신 29:23)은 사슴과 관련된 지명으로 판단된다. 삼손 이야기에 등장하는 에담(עֵיטָם [에이탐], 삿 15:8, 11)는 맹금류를 지칭하는 총칭 명사 '아이트(עַיִט)'가 반영된 지명이다.

이상의 야생 동물 외에도 이스라엘에서는 가축의 이름들이 반영된 지명 역시 여러 가지 형태로 사용되었다. 예를 들면 수송아지를 뜻하는 '에겔(עֵגֶל)'에서 파생된 지명들로 유다 지파 내의 에글론(עֶגְלוֹן, 수 10:3~5, 34~36; 12:12; 15:39), 사해 서쪽 해변에 위치한 '에네글라임(עֵין עֶגְלַיִם [에인 에글라임], 겔 47:10)'이 있다. 시므온 지파의 성읍, 하살수사(חֲצַר סוּסָה [하쩨르 쑤싸], 수 19:5)와 역대기 4장 31절에 등장하는 하살수심(חֲצַר סוּסִים [하짜르 쑤씸])은 각각 암말 농장과 말들의 농장을 뜻한다.

식물들의 이름이 들어간 지명:

동물들의 이름과 마찬가지로 식물들의 이름이 반영된 지명은 구약시대 이스라엘 지역에서 자생하거나 재배하였던 작물이나 식물에 대한 단서를 제공해 준다. 출애굽기에서 하나님은 모세에게 아카시아나무의 일종인 '쉬타(שִׁטָּה)' 나무로 법궤를 제작하라고 명하신다(출 25:10). 우리 성경에서 '조각목'으로 번역된 이 나무 이름 '쉬타(שִׁטָּה)'는 가나안의 지명에도 반영되었다. 가나안 땅 남방의 도시 '아벨싯딤(אָבֵל הַשִּׁטִּים [아벨 하쉬팀], 민 33:49)'은 '조각목 숲의 시내'를 뜻하며, 요단강 서편에 위치한 '벧 싯다(בֵּית הַשִּׁטָּה [베이트 하쉬타], 삿 7:22)'는 '조각목이 자라는 자리'를 뜻한다.

견과류인 피스타치오 나무를 뜻하는 히브리어 '보트나(בָּטְנָה)'와 관련된 지명으로서 아셀 지파 내의 베덴(בֶּטֶן [베텐], 수 19:25)과 갓 지파 내의 브도님(בְּטֹנִים [브토님], 수 13:26)과 같은 지명이 있으며, 벧야민 지파 내에 지명인 '벧 아라바(בֵּית הָעֲרָבָה [베이트 하아라바], 수 18:22)'는 '초원 지역'을 뜻한다. 유다 자손의 기업 가운데 등장하는 '벧 답부아(בֵּית-תַּפּוּחַ [베이트-타푸아흐], 수 15:53)'는 '사과나무 과수원'을 의미하기 때문에 일찍부터 사과 재배가 이루어졌음을 시사한다.

석류 역시 일찍부터 빼놓을 수 없는 주요 작물 가운데 하나였을 것으로 추정될 수 있다. 석류를 뜻하는 '리몬(רִמּוֹן)'은 그 자체로 지명으로 사용되었고(슥 14:10), '림모노(רִמּוֹנוֹ [리모노], 대상 6:77)'나 '가드림몬(גַּת-רִמּוֹן [가트-리몬], 수 19:45; 21:24, 25; 대상 6:69)' 또는 벧야민 지파 내의 '림몬 바위(סֶלַע הָרִמּוֹן [셀라 하리몬], 삿 20:45, 47; 21:13)' 또는 네겝에 있는 '에느림몬(עֵין רִמּוֹן [에인 리몬], 느 11:29)'과 같은 형태의 지명으로 등장하기도 한다. 세계에서 가장 오래된 성곽 도시인 여리고는 '종려나무 성읍(עִיר הַתְּמָרִים [이르 하트마림], 신 34:3; 삿 1:16; 3:13)'이라고 불렸으며, 종려나무를 뜻하는 '다말(תָּמָר [타마르])' 역시 지명으로 사용되었다(겔 47:19). 포도 역시 가나안의 주요 농산물이었음을 추론할 수 있는 것은 포도를 뜻하는 아납(עֲנָב [아나브]) 자체가 지명으로 사용되었으며(수 11:21; 15:50), 최상품 포도인 붉은 포도의 계곡을 뜻하는 '소렉 골짜기(נַחַל שֹׂרֵק [나할 소렉])'과 같은 지명이 등장하기 때문이다(삿 16:4).

앞에서 제시된 여러 지명들 가운데에는 그 의미가 불확실한 경우도 있지만, 그럼에도 불구하고 그 이름들이 셈어로 된 기원을 지니고 있다는 점을 부인하기는 어렵다. 이스라엘 민족이 가나안에 정착한 후에 많은 정착지들이 건설되었다 하더라도 그들이 지은 새로운 지명에 첨가된 특별한 의미를 추적하는 것은 용이한 작업은 아니다. 그럼에도 불구하고 현재까지 연구된 바에 따라 규명된 의미들을 토대로 성경에 수록된 지명들의 의미를 살펴보는 것은 직접적 또는 간접적으로 그 지역의 지리·정치·문화·종교에 대한 단서들을 제공한다는 점은 부인할 수 없다.

히브리어 돌아보기

בַּיִת [바이트]: 집, 거주 장소, 가족의 구성원, 내부

בֵּית אֱלֹהִים [베이트 엘로힘]: 하나님의 집, 성전

בֵּית-אֵל [베이트-엘]: 벧엘, 하나님의 집

בַּעַל [바알]: 주인, 소유자, 남편, 바알 신

יָרֵחַ [야레아흐]: 달

גִּבְעָה [기브아]: 언덕, 산

רָמָה [라마]: 고원 지대

צָפָה [짜파]: 그가 망을 보았다, 그가 정찰했다

צוּר [쭈르]: 바위 암석, 반석

סֶלַע [셀라]: 바위, 암석, 벼랑, 절벽

עֵמֶק [에멕]: 계곡, 평지, 평야

אָבֵל [아벨]: 시내

כֶּרֶם [케렘]: 포도원

בְּאֵר [브에르]: 우물

גַּת [가트]: 포도주 틀

מִגְדָּל [미그달]: 망대, 탑

תָּמָר [타마르]: 종려나무

나가며 |

딸이 딸을 낳았다!

본서는 히브리어 원문으로 초대라는 어떻게 보면 소박하고, 어떻게 보면 거창한 목적을 가지고 집필되었다. 시간적인 여유를 가지고 원문 성경을 해석하는 것은 성경의 해석자에게는 한 번쯤 던져지는 고민일 것이다. 그러나 빠르게 변화하고 흘러가는 목회의 현실은 성경 해석자들에게 원문을 붙들고 그 의미를 깊이 연구할 수 있는 충분한 시간을 주지 않는다. 그것이 현실이다.

이 현실 속에서 필자 역시 한편으로 감사하는 것은 우리가 가지고 있는 성경의 번역이 그 어떤 성경 역본에도 뒤지지 않기 때문이다. 때때로 우리 성경의 의미를 보완하기 위해서 다른 언어로 번역된 성경 본문을 제시하는 경우를 접할 때 솔직히 필자는 불편한 심경을 감출 수 없다. 우리 성경도 번역된 역본이며, 다른 언어로 번역된 성경-굳이 예를 든다면 영어 성경-도 원본이 아니라 역본이다. 우리 성경이 다른 역본에 비해 원문의 의미를 충실히 반영하지 못한다고 판단하려면 그것은 원본과 우리 성경의 비교를 통해 판단할 수 있는 문제이다. 원본과 비교하지 않은 채 다른 언어로 번역된 성경이 원문에 더 충실하다고 하는 결론을 내린다면 그

것은 정당한 판단이라고 할 수 없다.

동시에 우리 성경이나 다른 외국어 역본이 원문의 내용을 아무리 정확하게 번역하였다 할지라도 원문이 가지고 있는 뉘앙스를 온전하게 전달하기란 애초에 불가능에 가깝다. 그렇기 때문에 성경이 강단에서 선포되고 연구되고 해석되는 단계에서 원문을 참조하는 노력이 필요하다. 이러한 이유를 들어 다시금 원문으로 초대라는 본서의 목적을 언급하면서 우연한 경험을 통해 접한 짧은 문장을 제시하면서 소위 원문의 뉘앙스에 대한 설명을 대신하고자 한다.

그 문장은 다음과 같다.

“יַלְדָּה יָֽלְדָה יַלְדָּה!”

성경 히브리어에 조예가 있는 해석자라면 중간에 있는 단어의 모음이 그 앞뒤에 있는 단어와 차이가 나며, 그와 같은 모음의 차이점은 중간에 있는 단어가 동사라는 점을 제시한다고 파악할 것이다. 그 결과 이 문장은 '딸이 딸을 낳았다'라는 거친 문장임을 눈치챌 것이다. 즉 성경 히브리어식으로 이 문장을 읽는다면 “얄다 얄레다 얄다”가 된다.

그러나 현대 히브리어에서 진행 중인 반모음 쉐바(שְׁוָא)의 무성음화 현상을 감안하면 이 문장은 “얄다 얄다 얄다”로 읽을 수 있다. 실제로 이 문장을 읽어 준 필자의 유대인 선생님은 그와 같이 발음했다. 또한 이 문장을 구약 성경 시대 혹은 현대 이스라엘의 방식처럼 모음 없이 자음으로만 적는다면 “ילדה ילדה ילדה”와 같이 동일한 단어가 세 차례 반복된 것으로 보일 수도 있다. 이 문장을 '딸이 딸을 낳았다' 또는 'A daughter gave birth to a daughter'와 같이 한글로 또는 영어로 번역해서 그 의미를 이해할 수는 있겠지만, 유사한 발음이 세 차례 반복되는 원문의 형태가 주는 느낌을 살리기는 쉽지 않다. 이 같은 문장은 극단적인 예라 할 수 있을 것이다.

그러나 지혜롭고 안목이 있는 독자라면 필자가 말하려 하는 바에 공감하리라 생각한다. 성경은 그 메시지를 효과적으로 전달하기 위해서 본문의 내용만이 아니라 본문의 형태, 문장의 구조, 단어의 형태까지도 사용한다는 것을 말이다. 그와 같이 풍성한 본문의 의미를 '달려가면서도 읽을 수 있는' 동역자들의 모습을 기대하며 이 작은 초대장의 맺고자 한다.